走进社会大课堂系列活动方案

教师、家长带领幼儿游览
公园活动方案

李生兰　顾英姿　俞丽雅　李文娟　等著

南京师范大学出版社

图书在版编目（CIP）数据

教师、家长带领幼儿游览公园活动方案 / 李生兰等著 . — 南京：南京师范大学出版社，2022.12
（走进社会大课堂系列活动方案）
ISBN 978-7-5651-5383-9

Ⅰ. ①教… Ⅱ. ①李… Ⅲ. ①活动课程－学前教育－教学参考资料 ②公园－介绍－中国 Ⅳ. ① G613 ② K928.73

中国版本图书馆 CIP 数据核字（2022）第 128668 号

书　　名	教师、家长带领幼儿游览公园活动方案
作　　者	李生兰　顾英姿　俞丽雅　李文娟　等
策划编辑	张　莉
责任编辑	张　莉
出版发行	南京师范大学出版社
地　　址	江苏省南京市玄武区后宰门西村 9 号（邮编：210016）
电　　话	（025）83598919（总编办）　83598412（营销部）　83598312（邮购部）
网　　址	http://press.njnu.edu.cn
电子信箱	nspzbb@njnu.edu.cn
照　　排	南京凯建文化发展有限公司
印　　刷	南京玉河印刷厂
开　　本	787 毫米 ×1092 毫米　1/16
印　　张	9
字　　数	166 千
版　　次	2022 年 12 月第 1 版　2022 年 12 月第 1 次印刷
书　　号	ISBN 978-7-5651-5383-9
定　　价	30.00 元

出 版 人　张志刚

南京师大版图书若有印装问题请与销售商调换
版权所有　侵犯必究

前　言

一、撰写目的

2021年10月23日，中华人民共和国主席习近平签署了中华人民共和国主席令第九十八号，公布《中华人民共和国家庭教育促进法》，自2022年1月1日起施行。

《中华人民共和国家庭教育促进法》明确指出："幼儿园应当将家庭教育指导服务纳入工作计划，作为教师业务培训的内容""幼儿园应当根据家长的需求……组织开展家庭教育指导服务和实践活动，促进家庭与学校共同教育""未成年人的父母……应当与……幼儿园……社区密切配合，积极参加其提供的公益性家庭教育指导和实践活动，共同促进未成年人健康成长""未成年人的父母……应当合理安排未成年人学习、休息、娱乐和体育锻炼的时间，避免加重未成年人学习负担，预防未成年人沉迷网络"。为了促使幼儿园、家庭更好地贯彻执行《中华人民共和国家庭教育促进法》，我们精心撰写了《教师、家长带领幼儿游览公园活动方案》，以期增加幼儿户外活动的时间，拓展幼儿成长的空间，丰富幼儿的美好生活，让幼儿的身心得到更好的发展。

二、撰写内容

《教师、家长带领幼儿游览公园活动方案》主要由以下二十章组成。
第一章　教师、家长带领幼儿游览上海市儿童公园活动方案
第二章　教师、家长带领幼儿游览上海市人民公园活动方案
第三章　教师、家长带领幼儿游览上海市中山公园活动方案
第四章　教师、家长带领幼儿游览上海市长风公园活动方案
第五章　教师、家长带领幼儿游览江苏省苏州市儿童公园活动方案
第六章　教师、家长带领幼儿游览江苏省南京市玄武湖公园活动方案

第七章　教师、家长带领幼儿游览江苏省镇江市伯先公园活动方案

第八章　教师、家长带领幼儿游览江苏省常州市红梅公园活动方案

第九章　教师、家长带领幼儿游览江苏省无锡市江尖公园活动方案

第十章　教师、家长带领幼儿游览江西省南昌市孺子亭公园活动方案

第十一章　教师、家长带领幼儿游览上海市百禧公园活动方案

第十二章　教师、家长带领幼儿游览上海市古树公园活动方案

第十三章　教师、家长带领幼儿游览上海市古猗园活动方案

第十四章　教师、家长带领幼儿游览上海市海波公园活动方案

第十五章　教师、家长带领幼儿游览上海市天山公园活动方案

第十六章　教师、家长带领幼儿游览上海市复兴公园活动方案

第十七章　教师、家长带领幼儿游览上海市长兴岛郊野公园活动方案

第十八章　教师、家长带领幼儿游览上海汽车博览公园活动方案

第十九章　教师、家长带领幼儿游览上海吴淞炮台湾国家湿地公园活动方案

第二十章　教师、家长带领幼儿游览浙江省杭州市江墅铁路遗址公园活动方案

三、本书特色

《教师、家长带领幼儿游览公园活动方案》主要有以下几个特点：

1. 直观性强。各章活动方案都配有多幅照片，图文并茂，生动形象，易于阅读。

2. 操作性强。每章活动方案都包括活动目标、活动准备、活动过程、活动延伸，明确具体，易于操作。

3. 指导性强。这些活动方案都能为幼儿园更好地组织社会实践活动、春游与秋游活动、研学旅行活动，提供专业上的引领支撑。

4. 共育性强。这些活动方案都能为幼儿园更高效地开展家庭教育指导活动、亲子活动，提供强有力的实施保障。

5. 互动性强。这些活动方案都能为家长与孩子亲密接触创设良好的氛围，增加亲子陪伴的时间，提高亲子互动的质量。

四、适用对象

《教师、家长带领幼儿游览公园活动方案》适用于以下读者：

1. 幼儿园教职员工。

2. 幼儿家长。

3. 高等院校学前教育、家庭教育、旅游管理、园林景观设计等专业的教师及学生。

4. 学前教育工作者的在职培训人员。

5. 家庭教育指导师的培训人员。

6. 家长学校的培训人员。

7. 提供、参与家庭教育指导服务工作和实践活动的人员。

8. 家庭教育指导机构、婴幼儿照护服务机构、早期教育服务机构的人员。

9. 研究学前教育、家庭教育、社区教育的人员。

10. 关注学前教育、家庭教育、社区教育的人士。

五、使用建议

1. 如果您生活的地方拥有书中所提到的这些公园,那您非常幸运,您就可以带上这本书,和幼儿一起去游览这些公园,"照本宣科",和幼儿边逛边聊,亲密互动,相信您和幼儿一定会满载而归。

2. 如果您生活的地方没有书中所提及的这些公园,那您不必灰心,您也可以带着这本书,和幼儿一起去游逛心仪的公园,"按图索骥",和幼儿边看边说,甜蜜互动,相信您和幼儿同样也能获益良多。

六、致谢

"千里马常有,而伯乐不常有。"非常感谢南京师范大学出版社和张莉主任对我的信任和深爱,使本书能顺利出版,与读者朋友们相逢。

"我们都是来自五湖四海,为了一个共同的革命目标走到一起来了。"非常感谢上海市和浙江省10位优秀园丁的积极参与,使本书能更加亮丽,让读者朋友们受益。

"良药苦口利于病,忠言逆耳利于行。"非常感谢读者朋友们提出宝贵的修改建议,使本书能更加完美,与读者朋友们并进。

华东师范大学教育学部学前教育系教授、博导 李生兰博士
2022 年 10 月

目 录

上篇　主著方案选登

第一章　教师、家长带领幼儿游览上海市儿童公园活动方案……………………003

第二章　教师、家长带领幼儿游览上海市人民公园活动方案……………………012

第三章　教师、家长带领幼儿游览上海市中山公园活动方案……………………020

第四章　教师、家长带领幼儿游览上海市长风公园活动方案……………………030

第五章　教师、家长带领幼儿游览江苏省苏州市儿童公园活动方案……………040

第六章　教师、家长带领幼儿游览江苏省南京市玄武湖公园活动方案…………049

第七章　教师、家长带领幼儿游览江苏省镇江市伯先公园活动方案……………060

第八章　教师、家长带领幼儿游览江苏省常州市红梅公园活动方案……………065

第九章　教师、家长带领幼儿游览江苏省无锡市江尖公园活动方案……………074

第十章　教师、家长带领幼儿游览江西省南昌市孺子亭公园活动方案…………083

下篇　优秀园丁方案选登

第十一章　教师、家长带领幼儿游览上海市百禧公园活动方案…………………097

第十二章　教师、家长带领幼儿游览上海市古树公园活动方案…………………101

第十三章　教师、家长带领幼儿游览上海市古猗园活动方案……………………105

第十四章　教师、家长带领幼儿游览上海市海波公园活动方案…………………109

第十五章　教师、家长带领幼儿游览上海市天山公园活动方案…………… 113

第十六章　教师、家长带领幼儿游览上海市复兴公园活动方案…………… 117

第十七章　教师、家长带领幼儿游览上海市长兴岛郊野公园活动方案………… 121

第十八章　教师、家长带领幼儿游览上海汽车博览公园活动方案…………… 125

第十九章　教师、家长带领幼儿游览上海吴淞炮台湾国家湿地公园活动方案…… 129

第二十章　教师、家长带领幼儿游览浙江省杭州市江墅铁路遗址公园活动方案… 133

上篇 主著方案选登

第一章　教师、家长带领幼儿游览上海市儿童公园活动方案

图片 1-1　上海市儿童公园

一、游览儿童公园活动的目标

1. 教师促使家长知道公园也是教育孩子的一个重要场所，通过带孩子游览上海市儿童公园，增强亲子互动，发展孩子的多种能力，促进孩子健康快乐地成长。

2. 教师、家长帮助幼儿认识到上海市儿童公园是一所免费的公园，交通比较便捷，生活在儿童友好的城市里感到非常幸福。

3. 教师、家长带领幼儿了解上海市儿童公园里的小英雄故事雕塑，热爱崇拜

他们,知道要向他们学习。

二、游览儿童公园活动的准备

1. 教师、家长上网寻找上海市儿童公园的地理位置(嘉定区梅园路226号)、交通路线(地铁11号线、公交车嘉定1路和3路等都能到达)、主要景点(如小英雄雕塑)、门票(免费)等信息。

2. 教师、家长告诉幼儿将要带他们去小朋友们自己的公园——儿童公园游玩的喜讯,启发幼儿想一想选择什么样的天气去(如晴天)、穿什么样的衣服和鞋子(如舒适的衣服、运动鞋)、怎么样到达(如坐公交车)、需要带上哪些物品(如小双肩包、饮用水、小点心、纸巾、画板、画笔)。

三、游览儿童公园活动的过程

(一)来到公园

1. 引导幼儿观看"儿童公园示意图"

教师、家长可引导幼儿观看"儿童公园示意图",给幼儿讲解"图例说明",使幼儿知道"红色"表示"大门","绿色"表示"绿化","蓝色"表示"河流";教幼儿认识"东""南""西""北",告诉幼儿哪里是"梅园广场""五彩亭""公厕""假山",哪里是"健身区""雕塑区""儿童游乐园""儿童游乐场""足球场""篮球场",以培养幼儿的方位感,增强幼儿的空间知觉能力。

图片1-2 儿童公园示意图

图片1-3 游园须知

2. 给幼儿简单讲解"游园须知"

教师、家长可给幼儿讲讲"游园须知",使幼儿知道要"爱护花草树木""爱护园内公共设施""注意园内环境卫生",自觉遵守这11项条款,做个文明的小游客。

(二)进入公园

教师、家长带领幼儿走进公园,到处逛逛。

1. 观看雕塑《少年英雄海娃/鸡毛信/抗日战争时期》

当教师、家长带领幼儿来看雕塑《少年英雄海娃/鸡毛信/抗日战争时期》时,**首先**,教师、家长可鼓励幼儿说说看到了什么(小男孩、羊),引导幼儿数数有几个小孩子(1个)、几只羊(5只)。

其次,教师、家长可指导幼儿描述小男孩的穿戴(头上扎着毛巾、腰间系着带子)和动作(左手放在嘴边吹口哨,右手握着羊鞭),猜猜小男孩在干什么(呼唤羊群过来);指导幼儿模仿一下小男孩的动作。

再次,教师、家长可指导幼儿讲讲这几只羊的特点(体形较胖、身体丰满、体毛绵密,是绵羊)和姿势(有4只羊围在小男孩身边,还有1只羊正向小男孩跑来),其中有几只是公的(1只,有大角)、几只是母的(4只)。

最后,教师、家长可引导幼儿认读石板上刻的15个大字"少年英雄海娃/鸡毛信/抗日战争时期",告诉幼儿这个小男孩的名字叫海娃,他是个抗日小英雄,再给幼儿讲讲《小英雄海娃》的故事(抗日战争时期,华北根据地龙门村有赵姓父子两人,父亲是民兵队中队长,12岁的儿子海娃是儿童团团长。一天,父亲让海娃给八路军送一封有关攻打日军炮楼的鸡毛信,海娃就装扮成放羊娃,赶着一群羊携信上路了。在路上,海娃遇到了敌人,他急中生智把信藏在绵羊的尾巴下面,逃过了一劫。海娃被迫带路,晚上趁敌人熟睡时,取信逃跑了。后来海娃再次落入敌人之手。这次,聪明勇敢的海娃把敌人引上了歧途,当敌人发现上当时,就打伤了海娃的手。这时,八路军赶到了),以萌发幼儿向小英雄海娃学习的愿望。

此外,教师、家长还可告诉幼儿:回家以后一起在电脑上看看老电影《鸡毛信》,以强化幼儿向小英雄海娃学习的志向。

图片1-4 少年英雄海娃/鸡毛信/抗日战争时期

2. 观看雕塑《少年英雄王二小/放牛郎/抗日战争时期》

当教师、家长带领幼儿来看雕塑《少年英雄王二小/放牛郎/抗日战争时期》时，**首先**，教师、家长可启发幼儿说说看到了什么（小孩子、大牛），指导幼儿观察这个小男孩的穿戴（穿着背心）和动作（双腿弯曲，坐在牛背上，双手拿着笛子吹）；引导幼儿模仿一下这个小男孩的动作。

其次，教师、家长可指导幼儿观看石板上的字"少年英雄王二小/放牛郎/抗日战争时期"，鼓励幼儿数数有多少个字（16个），告诉幼儿这个放牛郎叫王二小，也是个抗日小英雄。

再次，教师、家长可给幼儿讲讲小英雄王二小的故事（王二小，河北省涞源县人，是村中的孩子王，所以人们称他为王二小。他是个抗日小英雄。日本鬼子来"扫荡"，走到山口时迷了路。他们看见王二小在山坡上放牛，就叫他带路。王二小假装很听话，就走在前面带路。为了保护转移的乡亲们，他把敌人带进了八路军的埋伏圈。突然，四面八方响起了枪声，敌人知道上当了，就气急败坏地用刺刀把王二小刺死了。机智勇敢的小英雄王二小，只有13岁，就这样被日本侵略者残忍地杀害了，牺牲在涞源县狼牙口村）。

最后，教师、家长可打开手机，先寻找歌曲《歌唱二小放牛郎》，再和幼儿一起吟唱（牛儿还在山坡吃草，放牛的却不知哪儿去了。不是他贪玩耍丢了牛，那放牛的孩子王二小。九月十六那天早上，敌人向一条山沟扫荡，山沟里掩护着后方机关，掩护着几千老乡。正在那十分危急的时候，敌人快要走到山口，昏头昏脑地迷失了方向，抓住了二小要他带路。二小他顺从地走在前面，把敌人带进我们的埋伏圈，四下里乒乒乓乓响起了枪炮，敌人才知道受了骗。敌人把二小挑在枪尖，摔死在大石头的上面，我们那十三岁的王二小，英勇的牺牲在山间。干部和老乡得到了安全，他却睡在冰冷的山间，他的脸上含着微笑，他的血染红蓝蓝的天。秋风吹遍了每个村庄，它把这动人的故事传扬，每一个老乡都含着眼泪，歌唱着二小放牛郎）。（歌词重复的部分省略）

此外，教师、家长还可告诉幼儿：回家以后再一起看看电影《二小放牛郎》《少年英雄》《西柏坡2：英雄王二小》。

3. 观看雕塑《司马光（北宋）砸缸救友》

当教师、家长带领幼儿来看雕塑《司马光（北宋）砸缸救友》时，**首先**，可启发幼儿说说看到了什么（小孩子、大水缸），鼓励幼儿仔细找找、数数共有几个小孩子（3个）、几个水缸（1只）。

其次，可引导幼儿描述这几个小孩子所处的位置、动作和表情，猜猜发生了

图片 1-5　少年英雄王二小 / 放牛郎 / 抗日战争时期　　　图片 1-6　司马光（北宋）砸缸救友

什么事情（1个小男孩站在水缸的左边，双手抱着一块大石头，正要朝水缸砸去；1个小女孩站在水缸的右边，双手举在上面，惊叫着；1个小男孩掉进了水缸里，出不来，哇哇直哭）；指导幼儿模仿一下这几个小孩子的表情和动作。

再次，可指导幼儿观看石板上的字"司马光（北宋）砸缸救友"，鼓励幼儿数数有多少个字（9个），告诉幼儿这个抱着石头的小男孩叫司马光。

最后，可给幼儿讲讲《司马光砸缸救友》的故事（司马光7岁时，有一天和小伙伴们在院子里玩耍；院子里有一口大水缸，一个小孩便爬到缸沿上去玩，一不小心，掉到水缸里了；缸里的水很多很深，很快就要淹到这个小孩的头顶了；几个小伙伴都吓得大哭起来，跑到院子外面去喊大人来救；司马光却急中生智，立即从地上捡起一块大石头，使劲地向大水缸砸去；砰的一声巨响，水缸被砸破了，缸里的水流了出来，那个小孩得救了。大家都为司马光点赞，夸他见义勇为，遇事沉着冷静，聪明机灵），启发幼儿也要向司马光学习，乐于助人，碰到问题，要开动脑筋，想办法解决。

此外，可点开手机，寻找儿童歌曲《司马光砸缸》，和幼儿一起听听、唱唱（哐当哐当哐当　司马光砸缸　有几个小朋友　围呀围着那大水缸　大家一起捉迷藏　调皮又欢畅　扑通通一声响　有人掉进了大水缸　大家全都吓坏了　慌里又慌张　有一个小朋友　名字叫作那司马光　搬起一块大石头　砸向那大水缸呀　哐当当一声响　流水哗啦啦往外淌　伙伴钻出那破水缸　大家都齐鼓掌　哐当哐当哐当　司马光砸缸　聪明机智的小儿郎　见义勇为的好榜样　哐当哐当哐当　司马光砸缸　）。

4. 观看雕塑《石童子（明朝1554年）抗倭寇英雄》

当教师、家长带领幼儿来看雕塑《石童子（明朝1554年）抗倭寇英雄》时，

首先，可鼓励幼儿说说看到了什么（人、城墙），引导幼儿数数有几个人（2个）；讲讲他们的动作和身体姿势，猜猜他们在干什么（一个人站在城墙上，双手把大石头举过头顶，正准备往下扔；另一个人站在城墙下，右手拿着兵器，左手放在头顶上，正在往上看）。

其次，可教幼儿认读石板上刻的大字"石童子（明朝1554年）抗倭寇英雄"，启发幼儿数数有多少个汉字（11个），给幼儿讲讲《小英雄石童子》的故事（明朝中期，倭寇屡次侵犯嘉定，经常围攻县城，昼掠四乡，夜聚城外；一天，又假装攻打嘉定城东南门，实则暗聚千余人偷越西门城墙；一个小孩发现后，不顾自身安危，高声疾呼，众人群起，击退倭寇；城内百姓免遭洗劫，但这个小孩却被倭寇杀害了；后来，人们在城内查询，但仍不知道这个小孩的名字，就在嘉定城西门塑了"石童子"像，来纪念这位无名小英雄，激励人们热爱祖国），告诉幼儿要像石童子一样勇敢、爱国。

再次，可告诉幼儿以后抽空带他去看当年石童子抗击倭寇的古城墙，去嘉定博乐广场看看石童子雕像，去嘉定博物馆看看石童子头像、微电影《石童子的故事》，使幼儿知道现在虽然没有战争、没有侵略者，但"石童子"英勇顽强、热爱祖国的精神却永远值得我们学习。

图片1-7　石童子（明朝1554年）抗倭寇英雄

图片1-8　石桥

5. 观看美丽的石桥

当教师、家长带领幼儿来到小桥旁时，**首先**，可启发幼儿想想为什么要在河上架一座桥（便于人们行走）；鼓励幼儿说说桥身下是什么形状（弧形）、数数有几个桥洞（1个）；引导幼儿找找桥在平静的水面上形成的倒影，使幼儿知道这是光的反射现象。

其次，可指导幼儿走近这座桥，说说它是什么材料做成的（石头）、桥栏板上雕刻了什么图案（花草、动物），数数共有多少种动物图案（12种）、它们分别是什么动物图案（从左往右依次是鼠、牛、虎、兔、龙、蛇、马、羊、猴、鸡、狗、猪）；告诉幼儿这12种动物合在一起有个好听的名字，叫作"十二生肖"，也叫"十二属相"；启发幼儿想想他自己属什么，爸爸、妈妈属什么，爷爷、奶奶属什么，外公、外婆属什么。

再次，可引导幼儿走上这座桥，数数桥面上有多少个台阶；启发幼儿看看桥面上有什么图案（巨龙、珠子、祥云），数数有几条龙（2条）、几个珠子（1个）；告诉幼儿"二条龙和一个珠子"合在一起有个好听的名字，叫作"二龙戏珠"；鼓励幼儿看看桥栏板上雕刻了什么图案（花草、动物），说说它们是什么动物（如小鸟、孔雀、仙鹤）；启发幼儿数数桥栏杆有多少根。

最后，可鼓励幼儿给这座石桥起个好听的名字，如可叫"儿童桥""彩虹桥""十二生肖桥"。

6. 拍摄描绘美景

教师、家长可带领幼儿到"梅园广场""五彩亭""健身区""儿童游乐园""儿童游乐场""足球场""篮球场"等地方逛逛；在彩色砖路上走走，看看花草树木，找找乔木与灌木，比较常绿树与落叶树；在幼儿感兴趣的地方，多停留一会儿，给幼儿拍张照片，鼓励幼儿在画板上作画，以提高幼儿发现美、表现美、创造美的能力。

（三）离开公园

教师、家长带领幼儿离开公园，启发幼儿说说今天看了哪几个景点（如雕像、石桥）、最喜欢什么景点，鼓励幼儿讲讲小英雄的故事（如海娃、王二小、石童子）。

四、游览儿童公园活动的延伸

1. 游逛嘉定博乐广场

教师、家长可带领幼儿去逛逛嘉定博乐广场（位于上海市嘉定区新成路917号），引导幼儿寻找《石童子》雕像，教幼儿认读"石童子"这三个字，指导幼儿描述《石童子》雕像（石童子站在城墙边，双手放在嘴巴前，做成喇叭状，焦急地大声呼喊），鼓励幼儿模仿石童子的动作，给幼儿讲读石碑上的文字［明朝中叶，倭寇屡犯嘉定。嘉靖三十三年（公元1554年），倭寇再次围攻县城，昼掠四乡,夜聚城下;城外火烟燎原,尸骸遍野。四月某夜,倭寇佯攻东、南二门,而暗聚千余人于西门偷越城墙,一童子见状疾呼,众人群起击退之,城内百姓免遭洗劫,而童子已断头于倭寇刀刃之下。后于城内查询,竟未获其名。邑人于西城门塑童子石像,以示纪念。四百年后,城墙拆除,石像遂毁。今为弘扬爱国主义精神,激励教育后人,特重塑石童子像],使幼儿知道要向小英雄石童子学习,机智聪颖,临危不惧。

图片1-9 《石童子》雕像

图片1-10 嘉定博物馆

2. 参观嘉定博物馆

教师、家长可带领幼儿去参观嘉定博物馆(位于上海市嘉定区博乐路215号),鼓励幼儿寻找《石童子头像》,指导幼儿观看《石童子的故事》的微电影,给幼儿讲读展板上的内容[明代中叶,嘉定屡遭倭患。明嘉靖三十三年(1554),倭寇又犯嘉定,一日半夜偷袭县城,被一守城童子发现。童子疾呼,守兵惊起,击退倭寇,县城得以保全,而童子被杀害。为了纪念这位无名小英雄,百姓雕刻了石像,置于城头],强化幼儿对小英雄石童子的喜爱和崇拜。

图片1-11 石童子头像/明朝/嘉定镇出土

图片1-12 嘉定图书馆

3. 参观嘉定图书馆

教师、家长可带领幼儿去参观嘉定图书馆（位于上海市嘉定区裕民南路1288号），到少年儿童图书馆里去查找有关小英雄的图画故事书，借回来阅读。

4. 观看红色电影

教师、家长可和幼儿一起看看红色电影《鸡毛信》《英雄王二小》，加深幼儿对小英雄"海娃""王二小"的印象。

5. 表演小英雄

教师、家长可和幼儿一起玩表演游戏，鼓励幼儿扮演小英雄"海娃""王二小""石童子""司马光"，表演《鸡毛信》《放牛郎》《石童子》《司马光砸缸救友》中的主要情景。

第二章 教师、家长带领幼儿游览上海市人民公园活动方案

图片 2-1 上海市人民公园

一、游览人民公园活动的目标

1. 教师、家长促使幼儿意识到人民公园位于上海市中心最繁华地区,是上海的"中央公园",以发展幼儿的空间知觉能力。

2. 教师、家长促使幼儿认识到人民公园是一座具有综合性休闲功能的公园,享有"城市绿肺"的美称,以提高幼儿的环保意识。

3. 教师、家长促使幼儿广泛认识花草树木、亭榭廊轩等,以发展幼儿的观察能力。

二、游览人民公园活动的准备

1. 教师、家长上网查阅人民公园的地址（主园门位于黄浦区南京西路231号）、交通（地铁1号线以及公交车18路等均可到达）、景点（如荷花池、张思德雕像、南极石）、门票（免费）等各种信息，以确保活动能顺利进行。

2. 教师先去人民公园实地考察，以选择适合幼儿观看和游玩的地方。

3. 教师通过多种形式邀请家长参与游览人民公园的活动，以提高活动的安全性，增加亲子互动的时机。

4. 教师、家长告诉幼儿将要去人民公园游玩的喜讯，以激发幼儿的兴趣。

三、游览人民公园活动的过程

（一）在公园门口

1. 寻找公园名称

教师、家长带领幼儿来到人民公园大门口，启发幼儿寻找公园的名称，说说大石板是什么颜色、什么形状（黑色、长方形）；大石板上的字有几个（4个）、是什么颜色（黄色）、怎么排列（从左往右，横着排）；鼓励幼儿猜猜公园名称后面的"陈毅题"是什么意思，告诉幼儿1952年10月1日公园建成后免费对外开放，陈毅是上海市市长，为公园亲笔提名；教幼儿认读铁栏上的"人民公园五号门"，使幼儿知道当前所在的位置。

图片2-2 人民公园五号门

2. 观赏公园门雕

教师、家长指导幼儿观看公园名牌两边门上的雕花，启发幼儿说说这是什么花（荷花）、什么颜色（黄色），找找荷花的花朵、叶子、茎，说说荷花的特点（有的盛开，有的含苞欲放）；引导幼儿观察比较两边门上雕的荷花图案是否相同，告诉幼儿它们有个好听的名称叫"对称"；鼓励幼儿猜猜这个公园里一定会有什么花（荷花），告诉幼儿进入公园后就去寻找美丽的荷花。

（二）在公园里面

1. 在公园告示栏前观看

教师、家长带领幼儿走进公园，观看右边的公园告示栏，教幼儿认读"上海市星级公园"，鼓励幼儿数数下面有几颗五角星（4颗），想想人民公园是几星公园（四星）；指导幼儿观看"园区总平面总图"，教幼儿认识"您所在的位置""出入口""儿童乐园""儿童乐园设施""健身乐园""艺术场馆""水景"等图标，告诉幼儿在西边的"南京西路"上有"五号门""七号门"，在北边的"九江路"上有"四号门"，在东边的"西藏中路"上有"一号门"；给幼儿讲读"上海人民公园简介""上海市公园文明游园守则"。

图片 2-3　园区总平面总图

图片 2-4　路牌

2. 在路边观看路牌

教师、家长引导幼儿仰望路牌，告诉幼儿如果我们想去"儿童乐园""百花园"，就要按上面箭头"⇨"所示的方向，往右走；如果想去"西山瀑布"，就要按上面箭头"⇦"所示的方向往左走。

3. 在荷花池旁赏荷

教师、家长带领幼儿来到荷花池，指导幼儿观看满池的荷花，找找荷花的花瓣、叶子、叶柄、莲蓬、莲子，说说它们有什么特点（花瓣很多，红色、芳香；叶子很大，圆形、绿色，叶柄很粗、圆柱形、中空；莲蓬圆形，有许多孔洞，每个孔洞里有1个莲子即种子），使幼儿知道荷花全身都是宝，藕和莲子都能吃；告诉幼儿荷花又叫莲花、水芙蓉，是多年生水生草本花卉，是"六月花神"，是中国十大名花之一；给幼儿朗读宋代杨万里的《晓出净慈寺送林子方》（如"接天莲叶无穷碧，映日荷花别样红"）、宋代周敦颐的《爱莲说》（如"予独爱莲之出淤泥而不染，濯清涟而不妖，中通外直，不蔓不枝，香远益清，亭亭净植"），教幼儿学说赞美荷花的诗句，使幼儿知道莲花是花中君子。

图片 2-5　荷花

图片 2-6　四角亭

4. 在碧翠湖旁观鱼

教师、家长带领幼儿来到碧翠湖，引导幼儿寻找池塘里放养的金鱼，再看看池边的四角亭，告诉幼儿这个亭子是用钢筋混凝土建造成的，绿色琉璃瓦攒尖顶，四角上翘；提醒幼儿在亭子里面的石椅子上，坐下来休息一会，想想这个亭子和前面在西山上看到的亭子有什么异同点（都是亭子，西山上的亭子是八角亭，这个亭子是四角亭），说说这个池塘和前面看到的荷花池有什么异同点（都是池塘，这个池塘比荷花池大；这个池塘里有金鱼，荷花池里有荷花；这个池塘旁边有四角亭，荷花池旁有水榭长廊）。

5. 在《张思德》雕像前瞻仰

教师、家长带领幼儿来到《张思德》雕像前，瞻仰张思德；引导幼儿观看周围的花草树木，感受雪松、紫薇、红枫等使塑像掩映在苍松翠柏之中；鼓励幼儿模仿张思德的姿态，做几个热爱劳动的动作；教幼儿认读石碑上的"为人民服务　毛泽东"这八个红色大字，给幼儿讲读张思德同志生平事迹，使幼儿知道毛主席对张思德全心全意为人民服务的革命精神给予了高度评价，要向张思德学习。

图片 2-7　张思德雕像

图片 2-8　八角亭

6. 在西山瀑布观景

教师、家长带领幼儿走到西山，拾级而上，在假山前，引导幼儿观察，告诉幼儿：西山瀑布主峰是由太湖石堆叠而成的，溪流全长 40 多米，呈 S 形曲折下流，溪水有分有合，有急有缓，溪水潺潺，山水交融；溪流两边有蔓木等藤本类植物、水生和沼泽类植物，使这个人工瀑布看起来就像是大自然中的真山真水一样。

7. 在八角亭里观光

教师、家长带领幼儿走向山顶，来到八角亭前，指导幼儿观察亭子的造型（比较简单的小房子，有顶无墙，是用钢筋混凝土建成的，有八根柱子、八个角，飞檐翘角，琉璃瓦攒尖顶）、亭子周围的环境（有雪松、香樟、广玉兰、女贞等，绿树成荫，花木葱茏），告诉幼儿亭子的用处（建在路边或花园里，供人们休息），鼓励幼儿走进亭子，在长椅上坐下休息，欣赏山下的美景。

8. 在上海当代艺术馆观展

教师、家长带领幼儿来到上海当代艺术馆门前，教幼儿认读馆名，引导幼儿观看荷花雕塑；告诉幼儿这是上海第一座关注当代艺术和当代设计的私人美术馆，成功举办过艺术展、典藏品展、建筑空间艺术展等大型艺术展览活动；指导幼儿观看艺术展品。

图片 2-9　上海当代艺术馆　　　　图片 2-10　南极石

9. 在百花苑里赏花

教师、家长带领幼儿来到百花苑,指导幼儿仔细观察各种各样的鲜花,说一说花的颜色,数一数花的瓣数,猜一猜花的名称,夸一夸花的美丽(如五颜六色、五彩缤纷、万紫千红、姹紫嫣红、百花齐放、繁花似锦、花团锦簇、争奇斗艳、鸟语花香)。

10. 在健身乐园里锻炼

教师、家长带领幼儿来到健身乐园,和幼儿一起看看健身宣传栏,给幼儿讲读健身须知,告诉幼儿要科学健身、文明健身、安全健身,还要爱护器材;鼓励幼儿在健康加油站里找一找各种健康器材(如太极推手、晃板、太极云手、滑行器、健骑器、赛艇、腹背锻炼器、跑步器),在腹背锻炼器、晃板上玩一玩;引导幼儿在健身大道上走一走。

11. 在旱溪流旁观望

教师、家长带领幼儿继续向东行走,来到旱溪流,启发幼儿观察一下地形(狭长形),告诉幼儿这是依照自然界干涸的溪流,用卵石铺的溪道,弯曲自然;在旱溪流四周,有几块天然大卵石,可以坐下观赏休息。

12. 在南极石旁观看

教师、家长带领幼儿继续向东行走,启发幼儿寻找一块椭圆形的大石头,看看上面刻了什么字(南极石),说说这 3 个字是怎么排列的(竖着排的)、是什么颜色的(金色);告诉幼儿这不是"飞来石",而是中国第一支南极考察队于 1982 年在南极乔治岛采集的、献给上海人民的特别石头;引导幼儿观察石池,告诉幼儿走在铺满密密麻麻的鹅卵石上面,可以按摩足底穴位,有益身体健康。

13. 在儿童乐园里游玩

教师、家长带领幼儿按照路牌指引的方向走到儿童乐园，和幼儿一起看看各种游乐设施（如碰碰车、豪华转马、海盗船、旋转飞车、挑战者之旅、自控飞机、飓风飞椅、滑行龙、流星锤、迷你穿梭、挖掘机），给幼儿读读橱窗里的"大型游乐设施乘客乘坐安全注意事项"、各种设施旁边的"乘客须知"，指导幼儿根据自己的兴趣爱好，选择一种设施进行游玩（如尝试开开挖掘机）。

图片 2-11 幼儿在玩挖掘机

图片 2-12 人民公园四号门

（三）离开公园大门

教师、家长带领幼儿从公园四号门走出来，启发幼儿回头看看园名，说说门栏上雕了什么花（白玉兰），告诉幼儿白玉兰是上海市市花，是中国著名的花木；指导幼儿把四号门与五号门进行比较，讲讲它们的异同点（公园名和题名相同，都是"人民公园　陈毅题"；门上都有雕花，但雕的花不同，四号门雕的是白玉兰，而五号门雕的则是荷花）。

四、游览人民公园活动的延伸

1. 逛逛上海人民广场

上海人民广场位于上海市黄浦区人民大道120号（地铁1号线、公交车17路等均可到达），是"90年代上海十大新景观"和"十大旅游景点"之一。教师、家长带领幼儿去人民广场逛逛，看看人民大道的花岗石路面，走走彩色的人行道，寻找"0"公里起始处，议议喷水池中央的上海版图；告诉幼儿人民广场和人民公园在新中国成立前都是远近闻名的跑马厅，现在都是市中心的两叶"绿肺"；指导幼儿观看广场北面的市政大厦和上海大剧院、南面的上海博物馆、西侧的上海历史博物馆、东侧的上海城市规划馆，使幼儿体会到人民广场是上海城市文明的象征。

2. 参观上海博物馆

上海博物馆位于上海市黄浦区人民大道201号（地铁1号线、公交车17路等均可到达，全年免费开放），是一座大型的中国古代艺术博物馆。教师、家长带领幼儿去参观上海博物馆，教幼儿认读"上海博物馆"这5个字，告诉幼儿这个馆名也是陈毅市长题写的；指导幼儿观察博物馆建筑的造型特征（上圆下方，圆顶方体），告诉幼儿这表示"天圆地方"；引导幼儿走进博物馆，观看各个展馆的珍品。

3. 观瞻外滩陈毅广场

外滩陈毅广场位于上海市黄浦区中山东一路与南京东路交汇处东北（地铁8号线及10号线、公交车123路及135路等均可到达），是为了纪念新中国上海市第一任市长陈毅而建造的。教师、家长带领幼儿去瞻仰《陈毅》雕像，帮助幼儿了解陈毅对上海解放和建设所做出的巨大贡献，使幼儿知道陈毅是中国人民解放军的创建者和领导者之一，是中华人民共和国十大元帅之一。

4. 观看电影《陈毅市长》

教师、家长和幼儿一起在网上观看《陈毅市长》的电影，边看边给幼儿讲解，使幼儿知道上海解放后，陈毅同志担任首任上海市市长，坚持原则，不徇私情，赏罚分明，促进了上海的发展。

第三章 教师、家长带领幼儿游览上海市中山公园活动方案

图片 3-1 上海市中山公园

一、游览中山公园活动的目标

1. 教师、家长引导幼儿观赏中山公园里的主要景点，启发幼儿观察和思考，培养幼儿喜爱到公园游玩的情感。

2. 教师促使家长认识到每个公园都是教育幼儿的重要场所，要善于运用公园里的独特资源，促进幼儿身心健康快乐地发展。

3. 教师、家长帮助幼儿了解到中山公园是上海市著名的大型公园之一，原名兆丰公园，后来为纪念孙中山先生而改名。

二、游览中山公园活动的准备

1. 教师、家长在网上查找有关中山公园的各种信息,了解它的收费情况(免费开放)、地理位置(长宁区长宁路780号)、交通情况(地铁2号线以及公交车13路等均可到达)、开放时间、进出大门(如1号门)、主要景点(如银门叠翠、花墅凝香、水榭絮雨、绿茵晨晖、芳圃吟红、双湖环碧、荷池清月、林苑耸秀、独木傲霜、石亭夕照、虹桥蒸雪、旧园遗韵)等。

2. 教师先去中山公园实地观看,并和工作人员商讨带幼儿来游览的事项,争取得到工作人员的支持。

3. 教师通过接送交流、家长会、家园小报、微信朋友圈等多种形式,提前发布参观中山公园的信息,邀请家长积极参与。

4. 教师、家长告诉幼儿将要去中山公园游玩的好消息,提醒幼儿穿上旅游鞋,带上小画板,以便于及时记录、绘画。

三、游览中山公园活动的过程

(一)来到公园

1. 观看公园景观石

教师、家长带领幼儿来到公园大门口,启发幼儿寻找公园的名字(在草坪花坛上的大景观石上),说说这4个大字是什么颜色(红色)、是横着排的还是竖着排的(竖着排的)。

图片 3-2 中山公园景观石

图片 3-3 上海中山公园导游图

2. 观察公园导游图

教师、家长带领幼儿向公园大门口走去，引导幼儿观看"上海中山公园导游图"，告诉幼儿"上北、下南、左西、右东"，使幼儿知道我们现在位于南面长宁路上的一号门，西边有个四号门、东边有个五号门，在北面万航渡路上的西边有个三号门、东边有个二号门；教幼儿学看图例"亭子""桥""十二景点"，给幼儿讲读"中山公园简介"（中山公园建于 1914 年，最早为兆丰洋行主人英国商人霍格所有，故称为兆丰公园。1944 年改称中山公园至今，以纪念孙中山先生。公园占地 20.90 万平方米。2002 年被评为上海市四星级公园。中山公园以英式园林著称，大树成林，绿草如茵，同时融中式、日式园林风格于一体，亭阁秀丽，曲径通幽，景色交相辉映，引人入胜。悠久的历史和丰厚的文化积累，使公园的景观具有自身的特色。中山公园是本市树木花卉品种较多的公园之一，有"小植物园"之美称，华东地区最大的一棵悬铃木在此公园。牡丹、樱花、月季和桃花为公园四大名卉，悬铃木、香樟、水杉、雪松为四大特色树种，蔚为壮观。公园游乐活动丰富多彩，老少皆宜，是广大游客游憩的理想园地）。

3. 寻找公园门牌号

教师、家长带领幼儿来到公园进口处，启发幼儿寻找门牌号码（长宁路 780 号），给幼儿讲读"上海市公园文明游园守则""敬请保持 1 米等候距离"，使幼儿知道要"文明旅游，有序入园"。

图片 3-4　进口

图片 3-5　指路牌

（二）进入公园

1. 观看路牌

教师、家长带领幼儿进入公园，引导幼儿抬头仰望道路两旁的指路牌，告诉幼儿：我们是从中山公园的一号门（长宁路）进来的，现在我们如果要去凝聚力工程博物馆，就要按箭头"⇨"所指的方向朝右边走。

2. 观赏雕塑

教师、家长引导幼儿依次观看路边草坪上的《全家舞》《双人舞》《三人舞》雕塑，鼓励幼儿模仿自己喜欢的造型，来个"全家秀""双人秀""三人秀"。

图片3-6　路边草坪上的雕塑《全家舞》《双人舞》《三人舞》

3. 参观博物馆

（1）在馆门口。教师、家长带领幼儿来到上海凝聚力工程博物馆门口，鼓励幼儿寻找博物馆的名称（在门左边），说说这些字是什么颜色（银色）、怎么排列的（竖着排的），数数有多少个字（10个）；教幼儿认读门右边牌匾上的字"上海市爱国主义教育基地""长宁区中小学社会实践基地"；给幼儿讲读门口展板上的"参观须知"，使幼儿知道该馆免费开放、周一闭馆，要遵守参观秩序。

图片3-7　上海凝聚力工程博物馆　　　　图片3-8　博物馆大厅

（2）在馆大厅。教师、家长带领幼儿排好队，从入口处通过安检，走进博物馆；站在大厅里，观赏《凝心聚力》大型铸铜雕塑，引导幼儿说说看到了什么（顶部有灯光；左右两侧背景浮雕上有许多大人和小孩，还有和平鸽；中间有党徽、飞机、东方明珠电视塔、金茂大厦；前面人物圆雕有小孩和大人），给幼儿讲读"《凝心聚力》雕塑简介"。

（3）在馆展厅。教师、家长带领幼儿进入展厅，指导幼儿观看上海旧区居民使用过的茶具、糖缸、竹壳热水瓶、保温桶、上海牌手表、照相机、草帽、雨披、电话机、收录机、世博电话卡、飞机模型、亲子睦邻集市、西郊农民画、感恩石、孺子牛等实物、照片和艺术品；指导幼儿观赏上海书画家程十发的《鱼水情》画作，启发幼儿轻声说说上面画了什么（上面有1朵浮萍、下面有2条鱼），讲讲这2条鱼是什么颜色、什么姿态（2条鱼在水里都张大了嘴巴呼吸、奋力游泳，上面1条红鱼游得较慢、在后面，下面1条黑鱼游得较快、在前面）；引导幼儿观看张驰21米水墨长卷《长宁揽胜》(复制品)，寻找上海动物园。

图片 3-9　程十发《鱼水情》　　　图片 3-10　画中上海动物园

4. 观看荷花池

教师、家长带领幼儿来到荷花池旁，启发幼儿说说这个池子看上去像什么形状（月牙形），鼓励幼儿寻找中山公园4个大字，说说这几个字是什么颜色（绿色）、怎么排列的（横着排的）；告诉幼儿"WELCOME"这7个大写英文字母的意思是"欢迎"；引导幼儿观看池里的荷花、浮萍、小金鱼，告诉幼儿荷花又叫莲花、水芙蓉，象征清白纯洁，使幼儿知道这里是"荷池清月"景点。

图片 3-11　荷花池

5. 观赏牡丹园

（1）观赏牡丹花。教师、家长带领幼儿来到牡丹园，引导幼儿观赏牡丹花坛，给幼儿讲读石书上的"牡丹简介"、展牌上的"花墅凝香（牡丹园）"，让幼儿知道牡丹拥有"国色天香""花中之王"的美称。

（2）观察牡丹亭。教师、家长引导幼儿走向牡丹亭，给幼儿讲读石碑上的"牡丹亭简介"；启发幼儿观察砖石路边的一对石狮子（左边的狮子脚下踩着1个小圆球，右边的狮子脚下踩着1只小狮子）；教幼儿认读亭匾上的字"牡丹亭"（在黄底上有3个黑色大字，从右往左读）；和幼儿一起走进长亭，坐下来欣赏四周美景，打开手机视频，和幼儿一起观赏少儿版昆曲《牡丹亭·游园》，教幼儿学说"不到园林，怎知春色如许"，使幼儿知道"不到这牡丹亭的花园之中，怎么会知道有如此迷人的春季风光"。

图片 3-12　牡丹园

图片 3-13　牡丹亭

6. 观赏月季园

（1）观赏月季。教师、家长带领幼儿来到月季园，引导幼儿观赏月季，给幼儿讲读展牌上的"芳圃吟红（月季园）"，使幼儿知道月季姹紫嫣红、芳香馥郁，是花中皇后。

（2）观察《四不像》石雕。教师、家长指导幼儿观察园中的《四不像》石雕，说说它看上去像什么（怪兽、龙兽、大鸟、豹子），找找它的头、尾、脚、翅膀，讲讲它的姿势（坐在地上，前肢直立，后肢弯曲，双翅展开，头朝上顶着一个大圆盘），夸夸它的特点（雕刻精美、似鸟非鸟、似兽非兽、稀奇古怪）；给幼儿讲读木牌上《四不像》雕塑的简介（《四不像》雕塑是来自英国的、带有鲜明的西方文化风格的艺术雕塑。样子十分奇特，两翼张开，似鸟非鸟，似兽非兽，身子像豹子，翅膀则长在颈背部，兽首面部特别像西方文化中的一种"龙兽"的形象。《四不像》雕塑是西方园林文化与中国文化相融合的组成部分）。

（3）观看春在亭。教师、家长带领幼儿走进春在亭，坐下来休息；鼓励幼儿数数亭子有几个角（6个）、几根柱子（6根），想想亭子有什么特点和作用（亭子面积较小，只有顶，没有墙；是盖在公园里供人休息、避雨、乘凉用的建筑物，也是用来点缀园林景观的一种园林小品），使幼儿知道亭子是一种中国传统建筑；指导幼儿观赏鸳鸯湖，告诉幼儿这里是人工挖湖筑山造成的，以后又植树造林、围砌湖岸，形成了"凹处聚水凸为山"的"双湖环碧"景区。

图片3-14　四不像　　　　图片3-15　春在亭

7. 在儿童游艺区玩耍

教师、家长带领幼儿来到儿童游艺区户外大型组合滑梯前，给幼儿讲读栏牌上的"游乐注意事项"，使幼儿知道不能在滑梯上"奔跑、推人、拉人、撞人、相互追赶、翻跟斗"，鼓励幼儿说说这组滑梯和幼儿园里的滑梯有什么相同点和不同点。

图片3-16　户外大型组合滑梯　　　　图片3-17　大铜钟

8. 观看大铜钟

教师、家长带领幼儿来到大铜钟前,引导幼儿观察大铜钟的造型、颜色、文字,鼓励幼儿猜猜钟上的数字"1865"是什么意思(表示1865年在美国纽约制造);给幼儿讲读展牌上的"大铜钟简介",使幼儿知道这是上海最早的救火钟。

9. 观赏大理石亭

教师、家长带领幼儿来到大理石亭前,告诉幼儿这座西洋古典式建筑是优秀历史建筑,是"石亭夕照"景点;鼓励幼儿说说这个亭子是什么形状(长方形),数数亭子前面有几根亭柱(4根)、亭子下面有几级台阶(6级),讲讲亭子的顶上有什么(棚架)、两侧有什么(栏杆环绕)、栏柱上有什么(石雕花篮);引导幼儿走进亭子,看看两边弧形的壁龛里有什么(各有1座西洋女神雕像),说说左右两尊西洋女神雕像有什么异同点,模仿一下自己喜欢的女神样子,摆个造型,拍张照片。

图片 3-18　大理石亭　　　　图片 3-19　肖邦纪念铜像

10. 瞻仰肖邦纪念铜像

教师、家长带领幼儿来到肖邦纪念青铜雕像前,指导幼儿仰望这位巨人,猜猜他是谁(肖邦),想想他头像下面那些高低不等、粗细不一、参差不齐的柱子造型代表什么意思(表示一组钢琴琴键),告诉幼儿肖邦是波兰伟大的作曲家和钢琴家;教师、家长打开手机视频,和幼儿围坐在一起,倾听肖邦的《摇篮曲》,观赏肖邦的《小狗圆舞曲》儿童动画片,感受"钢琴诗人"的浪漫。

(三)离开公园

1. 夸奖公园

教师、家长带领幼儿离开公园,鼓励幼儿赞美一下公园,说说自己最喜欢公

图片3-20 中山公园一号门门口

园的什么地方。

2. 拍照留念

教师、家长引导幼儿走出公园，在一号门门口集合，选择美景，拍摄"全班福""全家福"照片。

3. 再看景点

教师、家长带领幼儿观看门口的广场绿地、香樟树林、架空式弧形园门、大型景观石，告诉幼儿这里是公园的"银门叠翠"景区。

四、游览中山公园活动的延伸

1. 搭建中山公园

教师、家长引导幼儿在幼儿园、家里玩建筑游戏，利用多种积木搭建中山公园的主要景点（如上海凝聚力工程博物馆、荷花池、牡丹亭、春在亭、大理石亭）。

2. 制作多种雕塑

教师、家长鼓励幼儿在幼儿园、家里玩揉捏游戏，利用游戏泥、面团等材料，制作《全家舞》《双人舞》《三人舞》《四不像》《大铜钟》《肖邦》等雕塑。

3. 参观上海博物馆

上海博物馆是一座大型的中国古代艺术博物馆，馆藏文物近102万件，包括青铜、陶瓷、书画、雕塑、甲骨、符印、货币、玉器、家具、织绣、漆器、竹木牙角、少数民族文物等31个门类，在国内外享有盛誉。教师、家长带领幼儿去参观上海博物馆（位于黄浦区人民大道201号，地铁1号线以及公交车18路等均可到达，全年免费开放，每周一闭馆），引导幼儿分别走进陶瓷馆、绘画馆、玉器馆，和幼儿一起寻找陶瓷上、绘画上、玉器上的荷花、牡丹、月季等花草树木、亭台楼阁。

4. 游览上海植物园

上海植物园是国家4A级景区、全国科普教育基地、国家"互联网＋全民义务植树基地"、上海市文明公园、上海市五星级公园，1978年正式对外开放，2022年1月1日起免大门票开放。教师、家长带领幼儿去游览上海植物园（地址为上海市徐汇区龙吴路1111号，地铁3号线、公交车56路等均可到达），使幼儿在春天能感受到百花盛开，在夏天能感受到荷风送爽，在秋天能感受到桂花飘香，在冬天能感受到梅花傲雪，深刻体会它是一个植物博物馆；启发幼儿想想上海植物园与中山公园有什么异同点。

5. 逛逛上海动物园

上海动物园原名上海西郊公园，建于1954年；1955年，市园场管理处把中山公园动物园、复兴公园动物园的部分动物转移到西郊公园展出；1964年，中山公园、复兴公园附设动物园并入西郊公园；1980年，改名为上海动物园；1997年，"吉象迎宾"新大门建成；1999年，被国家科学教育委员会命名为"全国科学教育普及基地"，这是国内第一座国家级科普教育基地的动物园。教师、家长带领幼儿去游逛上海动物园（地址为上海市长宁区虹桥路2381号，地铁10号线、公交车57路等均可到达，普通门票40元/人，身高1.2米以下儿童免票），使幼儿能耳闻目睹世界闻名的"国宝"大熊猫、我国特产珍稀野生动物如金丝猴、华南虎和扬子鳄，世界各地的代表性动物如大猩猩、非洲狮、长颈鹿、袋鼠、南美貘等，切身感受优美的园林景观、精彩的野生动物世界，萌发要保护动物、热爱大自然的情感。

第四章 教师、家长带领幼儿游览上海市长风公园活动方案

图片 4-1　上海市长风公园

一、游览长风公园活动的目标

1. 教师、家长帮助幼儿了解长风公园的主要景点，培养幼儿喜爱到公园游玩的情感。

2. 教师、家长促使幼儿认识到长风公园是上海市五星级公园，是国家四星级景区，为长风公园感到自豪。

3. 教师促使家长认识到长风公园也是教育幼儿的重要场所，学会运用社区中的公园资源促进幼儿健康快乐地成长。

二、游览长风公园活动的准备

1. 教师、家长在网上查看长风公园的信息,了解它的地理位置(普陀区枣阳路 525 号、大渡河路 451 号)、公共交通(地铁 3 号线以及公交车 44 路等均可到达)、开放时间、门票(免费开放)、进出大门(4 个)、著名景点(银锄湖、铁臂山、长风海洋世界)等。

2. 教师先去长风公园实地观看,和工作人员商讨带幼儿来游览的注意事项,争取工作人员的配合。

3. 教师通过接送交流、家长会、家长委员会、微信朋友圈等渠道,邀请家长加入游览长风公园的活动,增加亲子互动的时间。

4. 教师、家长告诉幼儿将要去长风公园游玩的喜讯,提醒幼儿穿上旅游鞋,背上小画板,以便于随时记录、画下美景。

三、游览长风公园活动的过程

(一)在公园门口

1. 观看公园大门

教师、家长带领幼儿来到公园门口,启发幼儿寻找公园的名称(在大门上方)和门牌号码(在大门左边的石柱子上),并教幼儿认读门匾上的"长风公园"和石柱子上的"枣阳路 525 号";鼓励幼儿猜猜门匾上的数字"2"是什么意思(表示 2 号门);启发幼儿说说公园大门有什么特征(长方形、石柱子),指导幼儿对公园大门和幼儿园大门进行比较,说说它们之间有什么异同点。

图片 4-2 长风公园

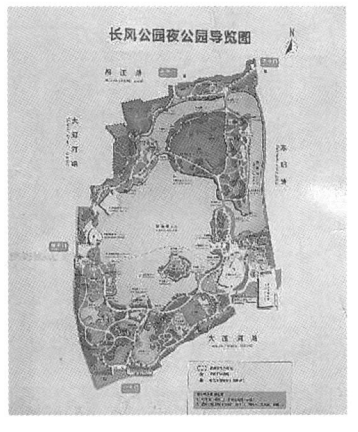
图片 4-3 长风公园夜公园导览图

2. 观看公园导览图

教师、家长指导幼儿观看"长风公园夜公园导览图",告诉幼儿方向辨别的方法——"上北、下南、左西、右东",教幼儿认读周边的路名(怒江路、大渡河路、枣阳路),启发幼儿寻找2号门在哪里(在东北角、怒江路和枣阳路交界处),指导幼儿寻找3号门的位置(在怒江路上)、4号门的位置(在大渡河路上)、1号门的位置(在大渡河路上),告诉幼儿我们现在就在2号门这里。

(二)在公园里面

1. 观看景区示意图

教师、家长带领幼儿走进公园,指导幼儿观看"长风公园·长风海洋世界AAAA级景区示意图",和幼儿一起竖起大拇指为4A级景区点个赞;鼓励幼儿寻找一颗红色五角星"★",告诉幼儿这表示我们的"当前位置";教幼儿认识"水族馆""码头""厕所"等图例;给幼儿讲读"公园简介"(上海长风公园始建于1956年,1959年国庆节建成开放,是上海市大型的综合性山水公园。公园借鉴了北京颐和园园林风格和杭州、苏州的造景手法,总体布局模拟自然,园景以湖为主,山水结合,浩瀚的银锄湖面和铁臂山构成全园独特的景观。园中的青枫绿洲、夕阳晚照、岁寒三友、迎春池、睡莲池等20余处园林景点姿态万千)。

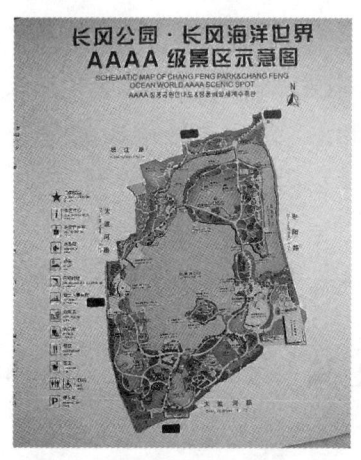

图片 4-4　长风公园·长风海洋世界 AAAA 级景区示意图

图片 4-5　《东海女民兵》雕像

2. 仰望《东海女民兵》雕像

教师、家长带领幼儿观看路牌,走到玉兰苑;引导幼儿观看《东海女民兵》雕像,启发幼儿模仿女民兵的威武姿势,给幼儿朗读展板上的简介(飒爽英姿五尺枪,曙光初照演兵场。中华儿女多奇志,不爱红装爱武装),使幼儿知道这首诗的意思是"黎明时的阳光刚刚照到进行军事训练的场地,女民兵英姿飒爽手持五尺枪。中华儿女志向不凡,不爱红艳美丽的装扮,而爱革命的武装";告诉幼儿这是毛泽东主席的诗词《七绝·为女民兵题照》,这首诗通过描绘女民兵军事训练的画面,赞美了中国妇女"巾帼不让须眉"的英雄气概,颂扬了新中国妇女崭新的时代精神风貌和随时准备保卫祖国的不凡志气;打开手机视频,和幼儿一起欣赏歌曲《七绝·为女民兵题照》,告诉幼儿这首歌曲曾唱遍了祖国各地。

3. 观赏怡红亭

教师、家长带领幼儿观赏水杉林,走过绿荫桥,来到怡红亭,教幼儿认读亭匾上的这3个黄色大字,启发幼儿说说亭子的颜色(亭顶是绿色的,亭柱、亭栏是红色的)和造型(2层,角尖、上翘);启发幼儿数数亭子有几个角(每层有6个角,2层有12个角,每个尖角都往上翘)、几根柱子(6根),引导幼儿走进亭子坐下来休息一会,看看西老河的风景。

图片4-6 怡红亭

图片4-7 路牌

4. 观看牡丹苑

教师、家长教幼儿仰起头学看路牌,告诉幼儿如果我们想去牡丹苑、牡丹亭,就要按箭头"→"所指的方向往右走;带领幼儿走过长寿林,来到牡丹苑;引导幼儿观赏牡丹,教幼儿认读牡丹牌楼上的"国色天香"四个大字;告诉幼儿牡丹是我国的特产名花,花品多,花姿美,花色艳丽,富丽堂皇,享有"国色天香""花中之王"的美誉;指导幼儿观看牡丹亭,说说它与前面看到过的怡红亭有什么相同点(都是6根柱子、6个往上翘的角)和不同点(怡红亭是双层顶,牡丹亭是单层顶);教幼儿认读景观石上的"牡丹苑"这3个红色大字,告诉幼儿这3个字是横着排的。

图片 4-8　牡丹牌楼

图片 4-9　牡丹亭

图片 4-10　牡丹苑

5. 观望松竹梅区

教师、家长带领幼儿来到松竹梅景区，教幼儿认读景观石上的"松竹梅"这3个红色大字，告诉幼儿这3个字是竖着排列的，使幼儿知道它与前面"牡丹苑"那3个字的排法（横着排的）是不同的；指导幼儿寻找松、竹、梅，启发幼儿夸夸它们不同的美（苍翠的松、冷艳的梅、清秀的竹），为幼儿朗诵赞赏青松、竹子、梅花的诗句（"大雪压青松，青松挺且直""未出土时先有节，便凌云去也无心""宝剑锋从磨砺出，梅花香自苦寒来"）；给幼儿讲读展板上的简介，教幼儿观看展区位置图；告诉幼儿松、竹、梅还有个好听的名字叫"岁寒三友"，意思是说这3种植物在寒冬时节仍保持顽强的生命力，使幼儿知道这是中国传统文化中高尚人格的象征，也比喻忠贞的友谊。

图片 4-11　松竹梅景观石

图片 4-12　松竹梅展板

6. 观瞻地下少先队群雕

教师、家长带领幼儿走过枕流桥、夕照廊，来到地下少先队群雕入口处，教幼儿认读康克清题词石上的"地下少先队群雕"这7个红色大字；引导幼儿观看少先队员不锈钢塑像、星星火炬铜雕队徽、少年儿童参加战斗浮雕；鼓励幼儿模仿2名少先队员的动作（左边的女孩抬头挺胸，右手五指并拢、高举头上、敬队礼，红领巾飘扬在胸前；右边的男孩昂首挺胸，左手举过头顶，拿着小号，奋力在吹）；告诉幼儿红领巾是少先队员的标志，是红旗（队旗）的一角，是用烈士的鲜血染成的，每个队员都佩戴它、爱护它；打开手机视频，和幼儿一起聆听少先队队歌《我们是共产主义接班人》，告诉幼儿等上小学了，也要好好学习，戴上红领巾，做个光荣的少先队员。

图片 4-13　康克清题词石

图片 4-14　地下少先队群雕

图片 4-15　杜鹃苑

7. 观看杜鹃苑

教师、家长带领幼儿走过凌波桥、钓鱼桥，来到杜鹃苑，教幼儿认读入口处景观石上的3个竖排的红色大字；启发幼儿观看杜鹃花，赞扬它的美丽（花叶都美，花色绚丽、五彩缤纷、繁花似锦）；告诉幼儿杜鹃花也叫山石榴、映山红；给幼儿朗读宋代杨万里的《杜鹃花》（何须名苑看春风，一路山花不负侬。日日锦江呈锦样，清溪倒照映山红），使幼儿知道这是赞美杜鹃花的火红之色和繁盛之态；打开手机视频，和幼儿一起欣赏歌曲《映山红》（夜半三更哟盼天明，寒冬腊月哟盼春风。若要盼得哟红军来，岭上开遍哟映山红）；给幼儿讲读展牌上的简介，使幼儿知道杜鹃花是中国十大名花之一，是"花中西施"，寓意吉祥喜庆。

8. 观看长风海洋世界

（1）教师、家长带领幼儿来到长风海洋世界景区，引导幼儿观看银锄湖开阔的湖面、湖上的游船和湖边的景色；告诉幼儿银锄湖是人工挖掘而成的，位于公园中心的位置，是上海市区最大的人工湖，在这里举行过龙舟邀请赛。

（2）教师、家长给幼儿讲读"水族馆展板简介"（上海长风海洋世界属4A级景区，其中水族馆建于银锄湖底13米处，在这个奇妙的海底世界生活着300多种水生生物）；引导幼儿观看"长风海洋世界水族馆导览地图"，鼓励幼儿说说看到了什么，告诉幼儿中间有鲨鱼甬道、北面有珊瑚带、南面有企鹅乐园、西面有白鲸表演馆、东面有海马王国；教幼儿认识上面的票价（儿童票120元，成人票180元）、水族馆营业时间（8:30—17:00）。

（3）教师、家长带领幼儿来到"水族馆入口"，教幼儿认读这5个大字；引导幼儿观赏墙面壁画，鼓励幼儿说说看到了什么（蓝蓝的海水、白鲸、金鱼、海星、章鱼、贝壳、珊瑚、水草）；教幼儿认读"长风""海洋世界""上海"这8个大字，告诉幼儿以后再进馆去看看各种海洋宝物。

（4）教师、家长带领幼儿来到企鹅雕塑群前，启发幼儿数数有几只企鹅（2只大、3只小，共5只）；引导幼儿说说企鹅有什么特点（背部是黑色的、腹部是白色的、嘴巴是红色的，翅膀短小、脚在身体最下部，大企鹅的脚是黑色的、小企鹅的脚是黄色的）；鼓励幼儿模仿一下企鹅走路的姿势（张开手臂，一摇一摆地走路）；告诉幼儿企鹅有"海洋之舟"的美称，在水里游得特别快，短小的翅膀就像一双强有力的"船桨"一样。

（5）教师、家长带领幼儿来到海螺雕塑前，启发幼儿说说海螺生活在哪里（海洋里）；打开手机视频，和幼儿一起欣赏歌曲《小螺号》（小螺号，嘀嘀嘀吹，海鸥听了展翅飞。小螺号，嘀嘀嘀吹，浪花听了笑微微。小螺号，嘀嘀嘀吹，声声唤船归啰。小螺号，嘀嘀嘀吹，阿爸听了快快回啰。茫茫的海滩，蓝蓝的海水。吹起了螺号，心里美也），鼓励幼儿做一做吹小螺号的动作。

图片 4-16　水族馆导览地图

图片 4-17　水族馆入口

图片 4-18　企鹅雕塑

图片 4-19　海螺雕塑

9. 观看景区展墙

教师、家长带领幼儿来到公园4号门的围墙边，教幼儿认读展墙左边的"长风公园·长风海洋世界AAAA国家级旅游景区"，和幼儿一起竖起大拇指为上海市五星级长风公园点个赞；引导幼儿观看中间的"长风公园·长风海洋世界景区示意图"，告诉幼儿今天我们只看了银锄湖东边一些好看的地方，下次我们再来看银锄湖西边美丽的风景；给幼儿讲读右边的"游客须知"，夸奖幼儿今天都是文明的小游客。

图片4-20　公园景区展墙

（三）离开公园大门

1. 观看墙饰

教师、家长带领幼儿从4号门走出来，告诉幼儿这里是"大渡河路451号"；引导幼儿回头观看公园墙饰，教幼儿认读墙上的"长风公园"4个黄色大字；指导幼儿观赏墙上的浮雕，鼓励幼儿说说看到了什么（大鲸鱼、小金鱼，有的人在做操、有的人在跳舞、有的人在划龙舟）；启发幼儿想想什么节日会划龙舟（端午节），告诉幼儿等我们回到幼儿园、家里以后，也玩玩划龙舟的游戏。

图片4-21　长风公园墙雕　　　　　图片4-22　公交车站牌

2. 拍照留念

教师、家长鼓励幼儿挑选喜欢的公园墙饰作为背景，拍"个人风采照""全班福"及"全家福"照片。

3. 学认车站

教师、家长带领幼儿来到公园门口的公交车站点，教幼儿认识车站牌；告诉幼儿这里的站名叫"大渡河路云岭东路"，公交车44路、101路、551路、944路都会在这里停靠一下，方便乘客上、下车。

四、游览长风公园活动的延伸

1. 玩搭建长风公园的游戏

教师、家长鼓励幼儿在幼儿园、家里，利用各种游戏材料、废旧物品搭建自己喜欢的长风公园的某些景点（如大门、亭子、桥、银锄湖），创造未来的长风公园，增强幼儿的空间知觉能力，发展幼儿的动手操作能力。

2. 逛逛上海长风海洋世界

教师、家长带领幼儿去参观上海长风海洋世界［位于普陀区大渡河路451号（长风公园4号门）］，观看白鲸表演，欣赏燕子鳐、红螺、海星、海参、虹鱼、水獭、海马、刺鲀、护士鲨、企鹅等多种有趣的海洋生物，丰富幼儿的生物知识，培养幼儿热爱海洋的情感。

3. 游览上海海洋水族馆

教师、家长带领幼儿去参观上海海洋水族馆（位于浦东新区陆家嘴环路1388号，地铁2号线及公交车81路、82路、85路等均可到达，9:00—18:00对外开放，儿童票110元、成人票160元），观看来自五大洲、四大洋的珍稀鱼类及濒临灭绝的稀有生物（如南美洲的电鳗、澳洲的锯鳐和射水鱼、南极洲的企鹅），观赏镇馆之宝草海龙、缎带海龙的风姿，穿越世界上最长的海底隧道之一，使幼儿能体会到不同的海洋风情。

4. 参观中国航海博物馆

教师、家长带领幼儿去参观中国航海博物馆（位于上海市浦东新区临港新城申港大道197号，公交车1096路可到达，开放时间为9:30—16:00，周一闭馆，1.4米及以下或6周岁及以下儿童免票，成人票30元），走进海洋展区，看看北极狼、帝企鹅、玳瑁、砗磲、珊瑚、南极磷虾等珍贵海洋生物标本，萌发幼儿关心海洋、保护海洋的意识；走进儿童活动中心，玩玩游戏，动手操作，激发幼儿对航海、船舶的兴趣。

5. 逛逛上海自然博物馆

教师、家长带领幼儿去参观上海自然博物馆［上海科技馆分馆，位于上海市静安雕塑公园内（静安区北京西路510号），地铁1号线以及公交车15路等均可到达，9:00—17:00开放，周一闭馆，儿童票12元，成人票30元］，走进无脊椎动物、鱼类、两栖动物、爬行动物、鸟类和哺乳动物等展厅，观看来自七大洲的标本模型，使幼儿能感受到大自然的神奇美妙。

6. 看看上海野生动物园

教师、家长带领幼儿去参观上海野生动物园（位于上海市浦东新区南六公路178号，每天9:00—17:00开放，学生票82.5元，成人票165元），进入步行区、车入区、水域探秘区，从不同角度观赏国内外各种各样的动物（如大熊猫、长颈鹿、火烈鸟、东北虎、非洲狮、猎豹），满足幼儿对动物的好奇心，唤起幼儿热爱动物的情感。

第五章　教师、家长带领幼儿游览江苏省苏州市儿童公园活动方案

图片 5-1　苏州市儿童公园

一、游览儿童公园活动的目标

1. 教师促使家长意识到公园也是教育幼儿的独特地方,通过带幼儿游逛苏州市儿童公园,密切亲子关系,提高陪伴质量,促进幼儿身心全面发展。

2. 教师、家长帮助幼儿认识到苏州市儿童公园是一所免费的公园,交通很便利,感受到生活在这座城市很幸运。

3. 教师、家长帮助幼儿了解苏州市儿童公园里的雕塑、桥梁、沙池等主要景

点；使幼儿学会观赏雕塑，知道它们的寓意，感受中国文化的魅力。

二、游览儿童公园活动的准备

1. 教师、家长上网查找江苏省苏州市儿童公园的地理位置（昆山市同丰西路837-2号）、交通路线（公交车昆山3路等可到达）、主要景点（曲木桥、故事雕塑、沙池、石拱桥）、门票（免费）等信息。

2. 教师、家长告诉幼儿将要带他们去小朋友自己的公园——儿童公园游玩的好消息，和幼儿一起讨论游玩的准备工作，启发幼儿思考应选择什么样的天气（不下雨的天气、不下雪的天气）、应穿什么样的衣鞋（运动衣鞋）、应背什么样的小包（双肩小包）、应带上哪些东西（小瓶饮用水、小点心、小包纸巾、小画板、玩沙工具）。

三、游览儿童公园活动的过程

1. 观看曲木桥

教师、家长带领幼儿来到儿童公园的曲木桥边，可指导幼儿说说这座桥的颜色（紫红色）、制作材料（木头）、造型（弯弯曲曲，有的地方直，有的地方向右弯，有的地方向左弯）；启发幼儿讲讲为什么要在河流上架设这座桥（方便人们走到河对岸去）、为什么要有桥栏杆（保证安全，防止人们从桥的两边掉进水里）。

图片5-2 曲木桥

图片5-3 入园须知

2. 讲解入园须知

教师、家长看到路边的"入园须知"，可给幼儿简单讲解一下，使幼儿知道游园要"注意安全"，"不能在河边嬉戏"，要"爱护公物，保护环境，不得攀折花木"，"不能在草坪上踩踏"，要自觉遵守公园的各项规定，做个文明的小游客。

3. 观看雕塑《司马光砸缸》

教师、家长带领幼儿来到雕塑《司马光砸缸》前，**首先**，引导幼儿仔细观察，说说看到了什么（小朋友、水缸），数数共有几个小朋友（共有5个，其中水缸外4个，水缸里1个），看看水缸破了没有（破了），猜猜发生了什么事情（1个小朋友掉进水缸里去了，其他小朋友都很着急；1个小朋友用大石块把水缸砸破了，水缸里的那个小朋友正在往外爬）。

其次，告诉幼儿这组雕塑说的是《司马光砸缸》的故事，给幼儿讲讲这个故事：在古代，有个小朋友叫司马光；有一天他正和4个小朋友在花园里面做游戏，突然有个小朋友一不小心就掉进水缸里去了；眼看着那个小朋友就要被淹死了，大家都很惊慌，不知道该怎么办；只有司马光聪明又勇敢，迅速捡起身边的大石块，用力地朝大水缸砸去，水缸很快就被砸破了，水从缸里流出来，那个小朋友得救了。

再次，打开手机，寻找儿童歌曲《司马光砸缸》，和幼儿一起听听、唱唱。

最后，鼓励幼儿想想应该如何向司马光学习（聪明机智，见义勇为）。

此外，以此雕塑为背景，给幼儿拍照留念。

图片 5-4　雕塑《司马光砸缸》　　　　图片 5-5　雕塑《铁杵磨成针》

4. 观看雕塑《铁杵磨成针》

教师、家长带领幼儿来到雕塑《铁杵磨成针》前，**首先**，引导幼儿仔细观察，讲讲看到了什么（2个人、大石头、小细针），说说他们俩在干什么（左边这位老奶奶坐着，双手在大石头上磨针；右边这个小男孩站在旁边，双手放在腰前，低头看着老奶奶磨针）。

其次，和幼儿一起模仿一下他们俩的姿势，让幼儿先挑选想模仿谁（是老奶奶还是小男孩），然后再与幼儿互换角色加以模仿。

再次，告诉幼儿这组雕塑说的是《铁杵磨成针》的故事，给幼儿讲讲这个故事（一个小朋友不在家认真读书，跑出去玩；他看到一位老奶奶在河边的一块大石头上磨铁棒，感到很奇怪，就问她："老奶奶，您磨铁棒干什么？"老奶奶答道："我想把它磨成绣花针。"小朋友又问："铁棒这么粗，也能磨成细细的绣花针吗？"老奶奶说："是的，只要肯下功夫，天天磨，肯定能磨成针的。"小朋友被她的毅力所感动，从此用功读书，完成了学业，后来成了大诗人，这位大诗人就是李白），启发孩子说说听了这个故事以后有什么感想。

最后，告诉幼儿有句好听的话就是"只要功夫深，铁杵磨成针"，使幼儿知道只要有决心、有毅力，多么艰难的事都能做成功；鼓励幼儿向李白学习，认真刻苦读书，坚持不懈努力。

5. 观看雕塑《狐假虎威》

教师、家长带领幼儿来到雕塑《狐假虎威》前，**首先**，引导幼儿说说看到了什么动物（大老虎、小狐狸），讲讲这两个动物的位置、表情和姿势（大老虎张大嘴巴，咆哮着，威武地走在前面；小狐狸双手交叉放在胸前，得意地坐在大老虎的身上）。

其次，教幼儿说儿歌《狐假虎威》（狐狸坐在虎背上，百兽见了都逃光；狐狸抬头高声嚷：高高山上我是王）；和幼儿一起表演一下这首儿歌，家长扮演大老虎，幼儿扮演小狐狸。

再次，告诉幼儿这个雕塑说的是《狐假虎威》的故事，给幼儿讲讲这个故事（一只大老虎很饿，就在森林里找其他动物吃，好不容易抓住了一只小狐狸；狡猾的小狐狸眨了眨眼睛，对老虎说："您不敢吃我，因为我是上帝派来管理这片森林中的野兽的；如果您吃掉我，那么您就违背了上帝的指令；如果您不相信我说的话，那么我走在前面，您跟在我后面，您就会看到各种野兽见到我都很害怕的，他们一定都会很快逃跑的。"大老虎不相信小狐狸说的话，就跟在小狐狸的后面走，果然，野兽们看见他们俩都仓皇逃跑了），告诉幼儿这个故事说的是小狐狸仗着大老虎的威风来吓唬别的野兽，使幼儿知道不能仗势欺人、骗人。

最后，告诉幼儿当遇到困难时，不要害怕，要勇敢面对，要相信自己是最棒的，是能够战胜困难的。

此外，打开手机，点击儿童歌曲《狐假虎威》，和幼儿一起唱唱（山中一老虎 饥肠又辘辘 四处觅猎物 巧遇一赤狐 赤狐被按住 逃命无去处 眼睛骨碌碌 心中已有数 大声喝老虎 上天是我主 派我管万物 胆敢犯我乎 老虎犯迷糊 心中直踌躇 狐狸反为主 领虎巡四处 哎呀呀 哎呀哎呀呀 狐狸迈着四方步 哎呀呀 哎呀哎呀呀 老虎随后心无主 吓坏了野猪 逃了野兔）。

教师、家长带领幼儿游览公园活动方案

图片 5-6　雕塑《狐假虎威》

图片 5-7　雕塑《龟兔赛跑》

6. 观看雕塑《龟兔赛跑》

当教师、家长带领幼儿来看雕塑《龟兔赛跑》时，**首先**，启发幼儿说说看到了什么小动物（小乌龟、小兔子），猜猜小乌龟在干什么（一边用力地向前爬，先到终点了，它高兴地回过头来，发现小兔子还站在远处）、小兔子在干什么（站在远处，张大了嘴巴，失落地看着已爬到终点的小乌龟）。

其次，鼓励幼儿先模仿一下小乌龟的动作（爬呀爬），再模仿一下小兔子的动作（蹦蹦跳）。

再次，告诉幼儿这两个雕塑说的是《龟兔赛跑》的故事，给幼儿讲讲这个故事（很久以前，小乌龟与小兔子发生了争执，它们俩都说自己跑得快。于是，它们俩决定要通过比赛来证明究竟是谁跑得更快。确定了路线之后它们就开始比赛了。小兔子一个箭步冲到了前面，并且一路领先。它看到小乌龟被远远地抛在了后面，它觉得自己应该先在树下休息一会。于是，它在树下坐下来，并且很快睡着了。小乌龟慢慢地超过了它，并且完成了整个赛程，当上了冠军。后来，小兔子醒过来，发现自己输了），使幼儿知道小兔子虽然跳得快又领先，但因为它骄傲自大，中途睡觉，所以它比赛失败了，而小乌龟虽然爬得慢又落后，但因为它意志坚强，不停地爬，所以先到达终点，得了冠军。

最后，打开手机，找到儿童歌曲《龟兔赛跑》，和幼儿一边听一边唱（清晨太阳当空照　龟兔相约去赛跑　小兔子蹦又跳　转眼终点要来到　小兔子回头瞧　乌龟影子看不到　不如树下睡一觉　伸伸懒腰就睡着　中午太阳当头照　兔子树下睡大觉　小乌龟不急躁　到达终点开口笑　小兔子睡醒了　回头去把乌龟找　乌龟终点把手招　兔子羞羞脸红了　小兔子太骄傲　骄傲冠军得不到　小乌龟不骄傲　不骄不躁最重要），使幼儿知道骄傲会失败，只有不骄傲才能得到冠军。

此外，引导幼儿拿出画笔和画板，画画冠军小乌龟；告诉幼儿回家以后再看看动画片《龟兔赛跑》，使幼儿知道要向小乌龟学习，不断进取，而不能像小兔子那样，骄傲自满，虽然拥有优越的条件，但也需要不懈地努力，使幼儿明白"谦虚使人进步，骄傲使人落后"的道理。

7. 观看雕塑《鹬蚌相争》

当教师、家长带领幼儿来看雕塑《鹬蚌相争》时，**首先**，指导幼儿说说看到了什么动物（鹬、蚌），讲讲鹬有什么特点（嘴、脚都很长），它在干什么（站在那里，用力地叼着蚌壳，想打开蚌壳，吃里面的肉），告诉幼儿鹬经常在水边、田野中捕吃小鱼、小虫和贝类；引导幼儿说说蚌有什么特点（外壳很大很硬，上面有6圈花纹），它在干什么（两片外壳紧闭，不让鹬吃里面的肉），告诉幼儿蚌生活在淡水里，介壳长圆形，壳内产珍珠，肉可食。

其次，启发幼儿说说旁边的老爷爷在干什么（在观看它俩打斗），讲讲这位老爷爷的穿着打扮（右手握着烟袋，左肩背着鱼篓，裤管卷起，脚上穿着草鞋）、面部表情（高兴地笑着）、身体动作（身体向前倾，右脚迈步向前）；告诉幼儿这位老爷爷是个年龄很大的渔夫，也叫渔翁。

再次，告诉幼儿这组雕塑合在一起有个好听的名字叫作《鹬蚌相争》，给幼儿讲讲《鹬蚌相争》的故事（一天天气晴朗，蚌便张开了两片硬壳，在河滩上晒太阳。有只鹬看见了，就快速地飞过来，把长长的嘴巴伸进蚌壳里去吃肉。蚌急忙把硬壳合上，用力钳住鹬的嘴巴不放。鹬啄肉不成，嘴反被钳住了，就威胁蚌说："好吧，你不松开壳就等死吧。今天不下雨，明天也不下雨，非把你干死不可。"蚌毫不示弱地回敬道："好吧，你的嘴巴已被我钳住了。你今天拔不出来，明天也拔不出，非把你饿死不可。"就这样，蚌和鹬在河滩上互相争斗，谁也不肯放过谁。时间一长，它俩都精疲力竭了。这时有个渔翁走过这里，看到它俩死死地缠在一起，都不能动弹了，就很轻易地把它俩捉住，带回家去了），告诉幼儿"鹬蚌相争，渔翁得利"就是比喻双方互相争斗，结果两败俱伤，使第三者从中获利。

最后，告诉幼儿回家以后看看动画片《鹬蚌相争》，使幼儿知道与小朋友要友好相处、互相谦让，为幼儿提供机会去体验与别人合作的乐趣。

图片 5-8　雕塑《鹬蚌相争》

图片 5-9　在沙池玩耍

8. 在沙池里玩耍

教师、家长带领幼儿来到沙池旁，启发幼儿和小伙伴们打个招呼，看看小伙伴们是怎样玩沙的；鼓励幼儿自己拿出小工具，到沙池里去玩一会儿，或和小伙伴们一起玩沙。

9. 观看石拱桥

当教师、家长带领幼儿来到石拱桥旁边时，可引导幼儿仔细观察，说说它是用什么材料做成的（石头），它有什么作用（便于人们过河行走），它是什么形状（拱形）；启发幼儿数数它有几个桥孔（5 个），看看每个桥孔的大小是否相同（不同）、什么地方的孔大（中间）、什么地方的孔小（两边），讲讲这 5 个桥孔有什么特点（中间大，两边逐渐变小）；鼓励幼儿寻找、观赏石拱桥在水面上的倒影，说说桥孔与倒影构成了什么样的形状（圆形）；引导幼儿比较一下这个石拱桥和前面看过的曲木桥有什么相同点和不同点（如材料不同、形状不同）。

图片 5-10　石拱桥

图片 5-11　昆山图书馆少儿部

四、游览儿童公园活动的延伸

1. 参观昆山图书馆

教师、家长可带领幼儿去参观昆山图书馆（位于前进中路353号），到里面的少儿部去查找、借阅有关《司马光砸缸》《铁杵磨成针》《狐假虎威》《龟兔赛跑》《鹬蚌相争》的图画故事书，以提高幼儿的阅读能力和理解能力。

2. 参观昆山花溪公园

教师、家长可带领幼儿去昆山花溪公园（位于绿地大道1325号）游玩，当走到十二生肖雕塑区时，可启发孩子数数共有多少个小动物（12个），说说它们都是什么小动物（鼠、牛、虎、兔、龙、蛇、马、羊、猴、鸡、狗、猪），讲讲这里的大老虎、小兔子与儿童公园雕塑《狐假虎威》中的大老虎、《龟兔赛跑》中的小兔子有什么异同点；当走到许多小桥边时，可鼓励幼儿想想这里的桥与儿童公园里的桥有什么异同点，以提升幼儿的观察能力和思维能力。

图片5-12　昆山花溪公园雕塑《寅虎》和《卯兔》

3. 参观动物园

教师、家长可带领幼儿去动物园游玩，观看各种动物，找找小狐狸与大老虎、小乌龟与小兔子、鹬与蚌，以增强幼儿对动物的感知能力和辨认能力。

4. 表演故事情节

教师、家长可表演某个故事的主要情节，鼓励幼儿说出该故事的名称（如《龟兔赛跑》）；教师、家长可说出某个故事的名称（如《司马光砸缸》），指导幼儿表演该故事的主要情节，以培养幼儿的表现能力和创造能力。

5. 玩词语接龙游戏

教师、家长可和幼儿一起玩玩词语接龙游戏，使幼儿知道游戏的玩法，即

后面那个人接下去说的词语的第一个字,要和前面一个人说的词语的最后一个字相同(例如,家长说了"龟兔赛跑"以后,孩子可接着说"跑步前进";孩子说了"狐假虎威"以后,家长可说"威风凛凛"),以发展幼儿的词汇量和口语表达能力。

第六章 教师、家长带领幼儿游览江苏省南京市玄武湖公园活动方案

图片 6-1 南京市玄武湖公园

一、游览玄武湖公园活动的目标

1. 教师促使家长认识到玄武湖公园是促进幼儿体力、智力、情感、社会性等全面发展的独特的重要场所；通过亲子游览公园活动，密切亲子关系，提高亲子互动质量。

2. 教师、家长帮助幼儿体会到玄武湖公园非常了不起，越来越漂亮，有许多美丽的风景，不仅是金陵明珠，而且是国家重点公园，以培养幼儿爱家乡的情感。

二、游览玄武湖公园活动的准备

1. 教师、家长边向幼儿呈现自己以前到玄武湖公园游玩时所拍摄的美照，边讲述美好的游玩经历，问问幼儿是否也想去玩玩、去拍照。

2. 教师、家长告诉幼儿如果在幼儿园、家里做个好孩子，就带他们去玄武湖公园游玩。

3. 教师、家长打开玄武湖公园官网，查看位置（南京市玄武巷1号）、交通（地铁1号线以及公交车1路等均可到达）、门票（免费）、景点（如玄武门、莲花广场、芳桥、闻鸡亭等）等信息。

4. 教师、家长查看天气预报，选择一个晴朗的日子，带上手机、相机，指导幼儿背上小画板、小水壶，穿上运动衣、鞋，高高兴兴地去玄武湖公园旅游。

三、游览玄武湖公园活动的过程

1. 仰望玄武门

教师、家长带领幼儿来到玄武门口，指导幼儿观看城楼，给幼儿讲读展板上的字，使幼儿知道"南京城墙（玄武门）"是"全国重点文物保护单位"；告诉幼儿在古代，为了方便来宾游览玄武湖，就在明城墙的这里开辟了一扇新城门，后来又添加了左右两个门洞；教幼儿从右往左认读"玄武门"上的门匾，告诉幼儿这是蔡元培先生应邀书写的；给幼儿讲读门左右两边六块牌子上的字"南京玄武湖公园　国家重点公园""书香公园""江苏省文明单位""AAAA国家级旅游景区""国家水利风景区""新金陵48景　玄武烟柳"，使幼儿知道玄武湖公园很有名气。

2. 学看景区导览图

教师、家长带领幼儿走过玄武门洞，来到"玄武湖景区导览图"前，教幼儿认读"玄武湖"这3个字；指导幼儿观看右边的导览图，启发幼儿说说它看上去像什么（鸡腿、火腿）；告诉幼儿玄武湖的周围是三块湖泊（北湖、西南湖、东南湖）、中间是五块绿洲（梁洲、翠洲、环洲、樱洲、菱洲），五洲之间，桥堤相通；给幼儿讲读"图释""景区简介"，使幼儿知道玄武湖以前还叫"后湖"，古代大文豪欧阳修曾赞叹"金陵莫美于后湖"。

图片 6-2　玄武门

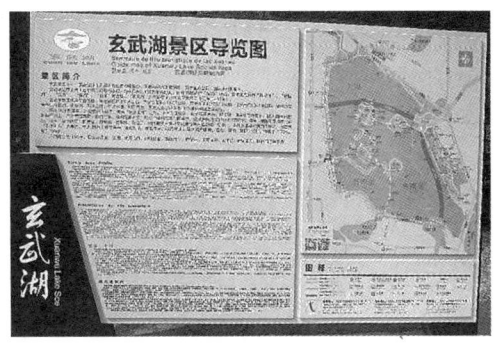

图片 6-3　玄武湖景区导览图

3. 游览环洲

（1）学看环洲导览牌

教师、家长带领幼儿来到环洲导览牌前，启发幼儿说说这个洲的形状，告诉幼儿因为它看上去像半环、玉环、环抱樱洲，所以叫环洲；教幼儿学看"您所在的位置"；告诉幼儿这个洲有许多景点，寻问幼儿想先去哪里看看；给幼儿讲读这个洲简介，告诉幼儿这个洲有"环洲烟柳"的美称。

图片 6-4　"环洲"导览牌

图片 6-5　童子拜观音石

（2）观看童子拜观音石

教师、家长带领幼儿来到童子拜观音石前，教幼儿认读石碑上的这6个绿色大字，告诉幼儿这是"南京市文物保护单位"；引导幼儿观看假山瀑布，寻找假山前的童子拜观音石，感受太湖石的奇特。

（3）观看郭璞墩

教师、家长带领幼儿来到郭璞墩前，教幼儿认读石碑上的这3个绿色大字，告诉幼儿郭璞自幼博学多才，是中国古代著名的文学家、科学家；带领幼儿参观

"郭璞纪念馆",使幼儿能了解郭璞做出的贡献。

图片 6-6　郭璞墩

图片 6-7　郭璞纪念馆

（4）观看米芾拜石

教师、家长带领幼儿来到米芾拜石前,引导幼儿观看三块天然巨石的组合,给幼儿讲讲米芾拜石的典故,使幼儿知道米芾是中国古代书画家,特别喜欢石头,一见到奇石就"三拜九叩"。

图片 6-8　米芾拜石

图片 6-9　莲花广场

（5）观赏莲花广场

教师、家长带领幼儿来到莲花广场,给幼儿读讲莲花广场简介;引导幼儿寻找荷花、荷叶、莲花仙子和莲花童子的雕塑,启发幼儿数数在莲花仙子周围有几个小朋友（4个）,鼓励幼儿模仿一下仙子、童子的造型,为幼儿拍下精彩的一瞬间;给幼儿朗诵赞美荷花的诗歌。

4. 观赏芳桥

教师、家长带领幼儿来到芳桥边，启发幼儿说说它是什么颜色（白色）；指导幼儿寻找桥跨、桥台、桥墩，说说桥是架在哪里的（玄武湖），想想桥有什么作用（连通环洲和梁洲，使两洲的通行更加便捷）；告诉幼儿我们现在站在环洲，如果我们想去梁洲看风景，我们就要从这座桥上走过去；使幼儿知道桥梁就是架设在江河湖海上的，使车辆行人等能顺利通行的构筑物；引导幼儿站在桥上观看玄武湖的风光，告诉幼儿芳桥是一座古老的桥，因为站在这里能够看到很多美景，所以叫芳桥。

图片 6-10　芳桥

5. 游览梁洲

（1）学看梁洲导览牌

教师、家长带领幼儿走过芳桥，来到梁洲导览牌前，教幼儿学看"您所在的位置""卫生间"，为幼儿讲读各个景点的图案和名称，了解幼儿感兴趣的景点；给幼儿讲读梁洲简介，使幼儿知道梁洲与南京车站隔湖相望，梁洲曾是梁代太子编《文选》时读书的地方，所以有"梁园"之称；告诉幼儿因为每年都会在这里举办大型的菊花展览，所以有"梁洲秋菊"的美称。

图片6-11 "梁洲"导览牌

图片6-12 路牌

（2）学看路牌

教师、家长教幼儿学看路牌，告诉幼儿如果我们想去"闻鸡亭""盆景园""厕所"，我们就要按上面箭头"←"所指的方向，朝左走。

（3）观赏盆景园

教师、家长带领幼儿来到金陵盆景园，给幼儿讲读展板上的简介，告诉幼儿在这里曾举办过许多次花卉盆景展览活动；引导幼儿走进展馆、温室、园中园，观赏各种各样的松树、三角枫、榆树、雀梅等展陈盆景。

图片6-13 盆景园

图片6-14 览胜楼

（4）观看览胜楼

教师、家长带领幼儿来到览胜楼前，给幼儿讲读览胜楼简介（该楼重檐拱斗，彩绘图案，为两层四角攒尖式建筑），使幼儿知道这楼是"南京市文物保护单位"；教幼儿认读匾额上"览胜楼"这3个大字，指导幼儿观看彩绘图案，启发幼儿数数这楼有几层（两层）、几个角（4个），说说楼顶是什么颜色（绿色）、角有什么特点（攒尖）；告诉幼儿登上高楼能更好地观看玄武湖的风景，所以这楼也叫"湖山览胜楼"；引导幼儿走进两层的方形楼阁，观瞻多种展品，使幼儿认识到为什么玄武湖公园也叫"书香公园"。

（5）观看渡口码头

教师、家长带领幼儿来到梁洲渡口码头，引导幼儿坐在长椅子上休息，观赏湖面风景，观看湖边停泊的船只，眺望远处的"南京站"，告诉幼儿在这里乘坐游船可以到达玄武湖对岸的南京火车站。

（6）观赏杜鹃园

教师、家长带领幼儿来到杜鹃园；引导幼儿坐在小石头上休息，观赏身边漂亮的杜鹃花，说说看到了哪些颜色（深红、淡红、玫瑰色、紫色、白色）；给幼儿讲讲杜鹃花的形态（常绿灌木，主干直立，单生或丛生，叶多形，花冠显著，花色丰富多彩）；告诉幼儿中国是世界上最早栽培杜鹃花的国家；启发幼儿画一画自己最喜欢的一种杜鹃花；为幼儿朗读展板上古代诗人白居易的《杜鹃花》(闲折两枝持在手，细看不是人间有。花中此物是西施，芙蓉芍药皆嫫母)，使幼儿知道杜鹃花是花中西施；给幼儿讲讲杜鹃花的含义（古代有一位皇帝，很爱老百姓；他死后，就变成了一只杜鹃鸟；每到春天，就会飞来，"布谷布谷"地呼唤老百姓；嘴巴都叫出血了，血滴在地上，染红了漫山遍野的杜鹃花），教幼儿学说"杜鹃啼血""望帝啼鹃"的悲伤成语。

图片 6-15　码头游船　　　图片 6-16　《杜鹃花》诗　　　图片 6-17　闻鸡亭

（7）观赏闻鸡亭

教师、家长带领幼儿来到闻鸡亭，鼓励幼儿数数这个亭子有几层（2层）、几个角（4角）、几条边（4条）；启发幼儿猜猜为什么要在这里建造亭子、为什么叫闻鸡亭，给幼儿讲读展牌上的简介（古时候，有个皇帝喜欢打猎，经常深夜离开皇宫，到琅琊山去打猎，尽兴了才离开。走到玄武湖时，天刚亮，鸡叫声正好传到这里。因此，在这里建了一座闻鸡亭）；启发幼儿学学大公鸡的叫声，教幼儿学说一个好听的成语"闻鸡起舞"（原意为听到鸡叫，就起来舞剑习武；后来比喻有志报国的人意志坚强、毅力顽强），鼓励幼儿做个"舞剑习武"的动作，给幼儿拍张神气威武的照片；引导幼儿坐在亭子的石阶上，观赏周围的风景，在小画板上画画自己喜爱的景色；给幼儿朗读古代诗人李商隐《南朝》中的诗句"玄武湖中玉漏催，鸡鸣埭口绣襦回"，使幼儿知道这句诗的关键词（"玉漏"是古代的计时器、靠壶水滴漏来测算时间，"玉漏催"指时间流逝，"鸡鸣埭"是玄武湖北堤名）和大意（玄武湖中的玉漏声声催促早点动身，在鸡鸣埭口宫女们身穿锦绣曲折环绕）。

（8）参观黄册库

教师、家长带领幼儿来到黄册库，教幼儿认读圆形门廊上的这3个黄色大字；引导幼儿走进去参观"明代黄册库遗址文化展"，指导幼儿观看展窗里的《毛老人》塑像；给幼儿讲读展柜、展板上的内容，使幼儿知道黄册是明代户籍与赋役的基本册籍，黄册的基本特征是以户为主，人口、财产是黄册登载的主要内容，黄册制度的实施对促进人民的安宁生活起着积极的作用；告诉幼儿玄武湖曾是黄册存放地，梁洲是黄册库遗址之一，使幼儿知道古代的黄册有点像我们现代的户口本，告诉幼儿等回到家里以后可以看看户口本。

图片6-18　黄册库

图片6-19　湖神庙

（9）观看湖神庙遗址

教师、家长带领幼儿来到湖神庙，告诉幼儿这里是为了纪念古代的毛老人而建造的，所以又叫"毛老人庙"，湖神庙遗址是"南京市文物保护单位"；引导幼儿观看保护罩内的铜钩井，告诉幼儿井沿上有3个绿色的大字"铜钩井"；启发幼儿思考为什么要在这里挖井、为什么叫铜钩井；给幼儿讲读展牌上的"铜钩井历史文化简介"(玄武湖成为黄册库后，梁洲就成了最早存放黄册的重地，为了解决黄册库工作人员的生活用水问题，就在这里挖井了。因为掘井时，挖到了一个铜钩，所以就叫铜钩井)，使幼儿知道挖井的原因和井名的来历；告诉幼儿铜钩井以前一直是玄武湖内居民生活用水的主要来源地，启发幼儿想想我们现在吃的喝的主要是什么水（自来水）。

6. 惜别公园

（1）回忆、总结、点赞公园美景

教师、家长带领幼儿离开梁洲，边走边启发幼儿说说在梁洲游玩了哪些地方（如铜钩井、闻鸡亭、杜鹃园、览胜楼、盆景园）；当走到芳桥时，鼓励幼儿做个爱芳桥的动作，为芳桥点个赞，夸夸芳桥的功劳（幸亏有了芳桥，我们才能走到梁洲看这么多美景）；带领幼儿走到环洲，启发幼儿赞美一下莲花广场；引导幼儿选择自己喜欢的风景，画画、拍照。

（2）下次再来逛逛另外三个洲

教师、家长带领幼儿往公园大门口走去，引导幼儿观看玄武湖景区导览图展牌，告诉幼儿玄武湖公园实在太大了，共有五个洲，今天我们只玩了环洲和梁洲这两个洲，下次我们再来玩樱洲、菱洲和翠洲这三个洲，好好感受一下"樱洲花海""菱洲山岚""翠洲云树"的景色。

（3）下次再来环湖路跑跑步

教师、家长带领幼儿观看玄武湖景区导览图展板，告诉幼儿环湖路很长，有许多景点（玄武晨曦、玄圃、武庙古闸、明城探幽、古阅武台、情侣园、采菊向秋、湖田轩、后湖印月、杉林氧吧），是"江苏省最美跑步线路"，下次我们也来环着湖跑跑步。

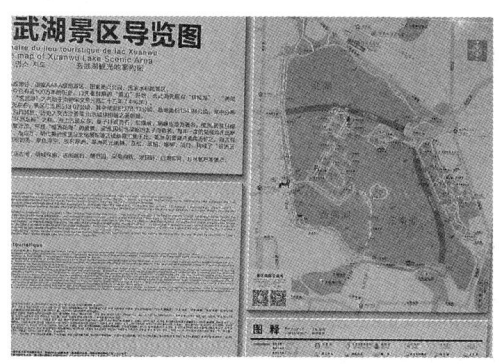
图片6-20　环湖路

图片6-21　环湖观光游路线

（4）下次再来一个环湖观光游

教师、家长带领幼儿来到"玄武湖景区 环湖观光游"展板前，引导幼儿学看游览路线及在图上的位置（火车站→和平门→模范马路门→玄武门→玄圃→解放门→太平门→太阳宫→翠洲门），启发幼儿数数共有几个景点（9个），告诉幼儿下次我们再来个环湖观光游。

（5）拍照、致谢，离开玄武门

教师、家长鼓励幼儿在玄武门附近挑选自己喜欢的景点，多拍几张"全班福""全家福""亲子秀""个人秀"，然后带领幼儿依依不舍地离开公园，说声"谢谢你，玄武湖公园""再见了，玄武湖公园"。

四、游览玄武湖公园活动的延伸

1. 搭建活动

教师、家长鼓励幼儿动手动脑，在幼儿园、家里利用各种各样的建构材料、废旧物品，搭建玄武湖公园的重要场景（如玄武门、环洲、芳桥、梁洲），以提高幼儿的空间知觉能力。

2. 画展活动

教师、家长在幼儿园、家里，和幼儿一起布置画展，把幼儿的绘画作品全部悬挂出来展览，鼓励幼儿做讲解员，讲述自己的绘画作品，以增强幼儿的表达能力。

3. 畅想活动

教师、家长鼓励幼儿大胆想象，说一说"未来的玄武湖公园应该是什么样子的"，讲一讲"假如我是公园小园长，我会怎么做"，以发展幼儿的想象力。

4. 观赏活动

教师、家长在不同的季节，带领幼儿游览玄武湖公园，观看花草树木的变化，观赏樱花展、荷花展、菊花展、梅花展，使幼儿深切感受到公园里一年四季的美妙。

5. 逛玩活动

（1）教师、家长带领幼儿游逛南京的古鸡鸣寺，使幼儿能亲密接触"鸡鸣春晓"这个金陵著名的景点。（2）教师、家长带领幼儿游逛南京的北极阁公园，使幼儿能目睹"中国北极阁气象博物馆"这个中国第一个气象专业性博物馆的风采，为南京感到自豪。（3）教师、家长带领幼儿游逛南京的九华山公园，使幼儿能全面感受这个集山、水、城、林为一体的综合性公园的魅力。（4）教师、家长带领幼儿游逛南京的白马公园,使幼儿能知道这是中国首家以石质雕塑文物为展览主题的艺术公园。(5)教师、家长带领幼儿游逛南京的神策门公园,使幼儿能知道神策门所在的南京明城墙被列入中国世界文化遗产预备名单,为南京感到骄傲。(6)教师、家长带领幼儿游逛南京的红山森林动物园,使幼儿能在国家4A级旅游景区中观看世界各地的珍稀动物,更加关爱动物。

第七章 教师、家长带领幼儿游览江苏省镇江市伯先公园活动方案

图片 7-1 镇江市伯先公园

一、游览伯先公园活动的目标

1. 教师、家长促使幼儿认识到伯先公园历史悠久，是镇江人民为纪念辛亥革命先烈赵伯先而建造的公园，以培养幼儿对先烈的崇敬之心。

2. 教师、家长促使幼儿认识到伯先公园坐落在云台山上，景色秀美，以增强幼儿的体力，发展幼儿感受美的能力。

二、游览伯先公园活动的准备

1. 教师、家长和幼儿聊聊自己小时候去伯先公园游玩的事情，告诉幼儿将要带他们去这个公园游玩，启发幼儿想想选择什么样的天气去、怎样到达、穿什么样的衣服和鞋子去。

2. 教师、家长和幼儿一起查询公园的地理位置（伯先路13号）、主要景点

（伯先铜像、云台阁）、交通（公交车2路等可到达）、门票（免费）。

三、游览伯先公园活动的过程

（一）来到公园

1. 观看石碑

教师、家长带领幼儿来到公园门口，指导幼儿观看地上的石碑"伯先公园"，教幼儿认读这4个大字；告诉幼儿它是"镇江市文物保护单位"。

2. 观赏石狮

教师、家长引导幼儿观赏门前一对十分可爱的石狮子，鼓励幼儿描述狮子的造型（公狮子怀抱小球，母狮子抱着小狮子）。

3. 观看石刻

教师、家长启发幼儿寻找蓝底白字的门牌号码，教幼儿认读（伯先路13号），告诉幼儿伯先路是为了纪念一位名叫伯先的大将军而命名的；指导幼儿观看大门右侧墙上的石刻，告诉幼儿这竖着排放的"伯先公园"园名曾是国家名誉主席宋庆龄老奶奶亲笔题写的；给幼儿讲读大门左侧墙壁石刻上的"赵伯先简历"，告诉幼儿这是原孙中山秘书田恒老爷爷书写的。

图片7-2　公园门口　　　图片7-3　公园全景图　　　图片7-4　伯先铜像

（二）进入公园

1. 了解公园须知

教师、家长引领幼儿走进公园，给幼儿讲读展板上的"伯先公园游园须知"，使幼儿知道要"爱护花草树木""自觉维护公共卫生"。

2. 学看公园全景图

教师、家长指导幼儿观看"伯先公园全景图",使幼儿知道伯先铜像、"五卅"演讲厅、飞机、云台阁、飞花亭的位置。

3. 仰望伯先铜像

教师、家长引导幼儿来到伯先广场,指导幼儿仰望伯先铜像,告诉幼儿这就是大将军赵伯先老爷爷,他是我们镇江人,从小聪明好学,能文能武,为辛亥革命立下了大功劳,我们一起为他点个赞、比个爱心;启发幼儿描述一下大将军的英姿(如全身戎装站立、双手握着望远镜、腰挎指挥刀、挺胸正视前方、威风凛凛、英武感人),鼓励幼儿模仿一下他的威武雄姿,和他一起拍张照;教幼儿认读铜像基座上题写的"赵公伯先之像"这6个蓝色大字,给幼儿讲读展板上的"伯先铜像简介",使幼儿知道为了纪念赵爷爷,就建造了这座铜像。

4. 观瞻"五卅"演讲厅

教师、家长带领幼儿沿着台阶慢慢往上走,来到"五卅"演讲厅;指导幼儿观看演讲厅的造型,数数它有几层(2层)、几个角(每层有4个),说说角有什么特点(飞出上翘),使幼儿知道整个建筑古朴庄重、优雅大方;给幼儿讲讲"五卅"演讲厅的来历(很多年以前,镇江掀起了抵制日货的活动,组织清查队销毁日货,对藏有日货的奸商处以罚金;用罚款建造了"五卅"演讲厅,以纪念镇江人民的爱国壮举),使幼儿知道它是一个非常重要的纪念性建筑;给幼儿读讲展板上的"五卅"演讲厅简介,告诉幼儿它是"江苏省省级文物保护单位"。

图片7-5 "五卅"演讲厅

图片7-6 飞机

5. 观看飞机

教师、家长带领幼儿来到附近的飞机展区,引导幼儿观看铁栏里的飞机,启发幼儿找找机翼、机身、尾翼，说说飞机与其他交通工具相比有什么优点（速度快、安全舒适）；给幼儿读讲展牌上的"飞机简介"，使幼儿知道这架歼-5甲型退役飞机是原南京军区空军赠送给伯先公园的大礼物，用作国防和爱国主义教育展览展示。

6. 仰望云台阁

教师、家长带领幼儿沿着石台阶朝山上走去，边走边引导幼儿观看石板路两边的花草树木；引领幼儿登上云台山，指导幼儿从不同的角度观赏云台阁，数数它有几层、几个角，说说它有什么特点；启发幼儿仰望云台阁的宝顶，告诉幼儿它是采用优质锡青铜铸造贴金的形式，又高又重；教幼儿认读云台阁前屋大门上的牌匾"祥开蒜岭"、二楼牌匾"冠山枕江"、三楼牌匾"城市山林"、四楼牌匾"云台阁"，告诉幼儿云台阁飞檐斗拱、凹曲翘弯、步步回廊、层层环绕、开敞通透、端庄华美、舒缓流畅，就像是一颗明珠，优美地镶嵌在城市山林中，使幼儿知道云台阁是目前镇江古建筑历史上体量最大的建筑。

图片 7-7　云台阁　　　　　　图片 7-8　飞花亭

7. 观赏飞花亭

教师、家长带领幼儿来到旁边的飞花亭，鼓励幼儿数数亭子有几层（2层）、每层有几个角（4个角）；引导幼儿走进亭子，坐在栏边长凳上休息一会儿，站在护栏里，观看山下的美丽风景。

（三）离开公园

教师、家长带领幼儿往山坡下走，夸奖幼儿真能干，是个登山小英雄；引导幼儿回到伯先广场拍照留念，启发幼儿和赵爷爷挥手再见。

四、游览伯先公园活动的延伸

1. 游逛其他公园

教师、家长带领幼儿去游玩金山公园、焦山公园、北固山公园、宝塔山公园、河滨公园,使幼儿有更多的机会了解公园的古朴典雅、亭台楼阁,感受镇江山水的美。

2. 观瞻故居陵园

教师、家长带领幼儿去瞻仰赵伯先故居、镇江烈士陵园,使幼儿有更多的机会深入了解镇江的历史名人,缅怀先烈。

3. 逛逛西津渡古街

教师、家长带领幼儿去逛逛西津渡古街,使幼儿知道这是依附于破山栈道而建的历史遗迹,是镇江文物古迹保存最多、最集中、最完好的地方,是镇江历史文化名城的"文脉"。

4. 参观博物馆

教师、家长带领幼儿去参观镇江博物馆,使幼儿有机会亲密接触花园式的博物馆,进一步了解镇江悠久的历史和丰厚的文化。

5. 看看伯先中学

教师、家长带领幼儿去参观镇江市伯先中学,使幼儿知道这所学校是借用镇江革命先烈赵伯先的名字命名的,萌发长大后也要来这所学校上学的心愿。

第八章　教师、家长带领幼儿游览江苏省常州市红梅公园活动方案

图片 8-1　常州市红梅公园

一、游览红梅公园活动的目标

1. 教师、家长促使幼儿认识到红梅公园是常州第一园林、国家重点公园，也是国家 4A 级旅游景区，为常州而感到自豪。
2. 教师、家长帮助幼儿了解公园的主要景点，唤起幼儿游览公园的兴趣。
3. 教师、家长"遇物则诲"，促进幼儿思维能力、语言表达能力和观察能力的发展。

二、游览红梅公园活动的准备

1. 教师、家长通过多种渠道了解红梅公园的地理位置（天宁区丹青路28号）、著名景点（八个）、交通路线（公交车1路等可到达）、门票（免费）等方面的信息。

2. 教师、家长引导幼儿谈论去红梅公园游玩的话题：为什么要去这个公园玩（如有许多好看的地方）、什么时候去这个公园玩（如不下雨雪的天气）、怎样到达这个公园（如步行、骑车、坐公交车）、穿什么样的衣服和鞋子以及戴什么样的帽子（如运动衣服、鞋子、遮阳帽）、去哪几个景点玩（如翠薇秋霞、红梅春晓、文笔夕照）。

三、游览红梅公园活动的过程

（一）来到公园

1. 观看公园北门

教师、家长带领幼儿来到北3入口，引导幼儿观看黑色长方形石碑，教幼儿认读上面的"红梅公园"4个金黄色大字；启发幼儿数数旁边标识上有几个"A"（4个），告诉幼儿这个公园是"AAAA国家级旅游景区"；指导幼儿观看4块高大木牌上的雕花，鼓励幼儿说说这是什么花（梅花）；告诉幼儿梅花和松树、竹子合在一起有个好听的名字叫"岁寒三友"（他们不怕严寒，是三位好朋友），梅花和兰花、竹子、菊花合在一起也有个好听的名字叫"花中四君子"（人世间四种高尚的精神）。

图片8-2　公园北门

图片8-3　公园导览图

2. 学看公园导览图

教师、家长教幼儿学看"红梅公园导览图",告诉幼儿公园有4个北门、1个西门、2个东门、3个南门;启发幼儿数数共有几个门(10个门),告诉幼儿这个公园的门真多呀,鼓励幼儿想想公园为什么要开这么多门(如公园很大、方便游客进出);启发幼儿在导览图上找找英文字母,数数共有几个大写的字母(8个);告诉幼儿每个字母代表公园的一大景观(A表示红梅春晓、B表示文笔夕照、C表示雪山劲松、D表示翠薇秋霞、E表示林园钟声、F表示曲池风荷、G表示吴风遗韵、H表示青峦倒影),问问幼儿想去哪个景点玩玩。

3. 了解游园须知

教师、家长给幼儿讲读展板上的"红梅公园游园须知",使幼儿知道要"注意自身游览安全""保护花草树木和动物""保护公园环境卫生""保护文物和公共设施"。

(二)进入公园

1. 学认"梅"字

教师、家长引导幼儿观看景观石上的"梅"字,启发幼儿说说"梅"字是什么颜色(绿色),数数有几个"梅"字(6个)。

图片8-4 景观石

图片8-5 路牌

2. 学看路牌

教师、家长教幼儿学看路牌,告诉幼儿如果想去"翠薇秋霞"这个景点,就要按上面箭头所指的方向,朝右前方走去。

3. 观看"翠薇秋霞"

教师、家长带领幼儿来到"翠薇秋霞",教幼儿认读展牌上的这4个白色大字;引导幼儿观看周围的枫树,告诉幼儿沿着石台阶登山,就能看到山顶上的翠薇亭和很多红枫,启发幼儿想想枫叶什么时候会变红(秋天);给幼儿朗诵杜牧的古诗《山行》(远上寒山石径斜,白云生处有人家。停车坐爱枫林晚,霜叶红于二月花),教幼儿学说"霜叶红于二月花",使幼儿知道红枫比二月的春花还要火红、艳丽。

图片 8-6 翠薇秋霞

图片 8-7 金鱼展区

4. 观赏金鱼

教师、家长带领幼儿走过一星桥,来到金鱼展区;鼓励幼儿寻找自己喜欢的大金鱼,和它打个招呼(你好,金鱼),说说悄悄话(我好喜欢你),夸夸它的美丽(你是黄颜色的金鱼,你好漂亮),学学它的游姿(往上游、往下游)。

5. 观察树木

教师、家长带领幼儿来到中央大草坪,引导幼儿观看花草树木的颜色,鼓励幼儿夸夸秋天树叶的美丽(五彩缤纷,有的树叶是绿的,有的树叶是黄绿相间的,有的树叶变黄了,有的树叶变红了);启发幼儿想想草地上为什么会有那么多的树叶(秋天来了,许多树叶落下来了),鼓励幼儿比较落叶的异同点。

图片 8-8 草坪树木

图片 8-9 古春轩

6. 游览古春轩

教师、家长带领幼儿来到古春轩,告诉幼儿瞿秋白老爷爷是中国共产党早期领袖之一,他是我们常州人,他小时候就很喜欢在这里读书学习、玩耍,我们小朋友也要像他一样,热爱读书学习。

7. 观赏红梅阁

教师、家长带领幼儿来到红梅阁前,教幼儿认读展牌上这3个大字,告诉幼儿它是"常州市文物保护单位";指导幼儿观赏红梅阁,说说它建在哪里(石阶上)、周围有什么(回廊、石栏杆),数数它有几层(两层),讲讲它的角有什么特点(往上翘);引导幼儿观看石坊上的云鹤纹,给幼儿读读坊额上的4个大字(天衢要道)、两旁石柱楹联上的字(道有源头立言立功立德,工无驻足希贤希圣希天);告诉幼儿这个楼阁古朴厚重、气势雄伟,是著名的古建筑;带领幼儿走上台阶逛逛,教幼儿认读黄色匾额上的3个绿色大字"红梅阁";启发幼儿想想这个公园为什么叫红梅公园,使幼儿知道它是因为红梅阁而定名;告诉幼儿这个景点叫"红梅春晓",鼓励幼儿想想现在为什么看不到红梅(因为现在是秋天);给幼儿朗读古代常州诗人赵翼称赞红梅阁美景的诗句(出郭寻春羽客家,红梅一树灿如霞。樵阳未即游仙去,先向瑶台扫落花),告诉幼儿等到春天时,再来观赏红梅怒放、犹如彩霞纷飞的美景。

图片8-10 红梅阁　　　　　　　　　图片8-11 冰梅石

8. 观看冰梅石

教师、家长带领幼儿来到冰梅石旁,引导幼儿先观察后说说它是什么形状(圆柱形)、什么颜色(白色、晶莹如玉),它有什么花纹(梅花);给幼儿讲读展板上的简介,告诉幼儿下雨时,雨花会沿着石纹迸流溅出,景象奇特,使幼儿知道它是一块千古珍奇遗迹。

9. 观瞻嘉贤坊

教师、家长带领幼儿来到嘉贤坊，引导幼儿观看坊上的翘角、坊前的一对石狮子（狮爸爸在玩球，狮妈妈在和小狮子玩）；教幼儿认读门匾上"嘉贤坊"3个绿色大字，给幼儿读读门联上的字（春秋争弑不顾骨肉，孰如季子始终让国）、讲讲"季扎淡泊名利、避让王位的故事"（季扎是吴王的第四个儿子，仁德宽厚，知书达理；吴王非常喜欢他，想把王位传给他；他不想当王，三次让位，他的谦和感动了吴国人）；给幼儿讲读展板上的简介，使幼儿知道嘉贤坊是为了纪念三让王位的季扎而建的，表现了常州人文始祖季扎的人文精髓。

图片 8-12　嘉贤坊　　　　　　　图片 8-13　知音舫

10. 游览知音舫

教师、家长带领幼儿来到知音舫，启发幼儿说说它的造型看上去像什么（船）；告诉幼儿前面的船头敞开可以看到周围的景色，后面的尾舱有两层，上层像楼阁，舱顶轻盈舒展；带领幼儿走进知音舫，教幼儿认读墙上的"高山""流水""知音舫"这三组文字，给幼儿讲讲"俞伯牙弹琴遇知音"的故事（很久很久以前，一位名叫俞伯牙的老爷爷在这里弹琴，遇到了另一位名叫钟子期的老爷爷；当俞爷爷弹奏的琴声雄壮高亢时，钟爷爷就夸奖说这琴声表达了高山的雄伟；当俞爷爷弹奏的琴声变得清新流畅时，钟爷爷就赞叹说这琴声表达了流水的无尽），告诉幼儿这个动人的故事就发生在常州；鼓励幼儿猜猜什么叫知音（好朋友、闺蜜、知己），告诉幼儿因为俞爷爷弹的琴声只有钟爷爷能听懂，所以后来人们就用知音来比喻知己；教幼儿学说"知音难觅"，告诉幼儿要和小朋友好好相处，要珍惜友情。

11. 观瞻雕像《高山流水》

教师、家长带领幼儿来到《高山流水》雕像旁，指导幼儿观看、数数上面有几个老爷爷（2个）；鼓励幼儿猜猜他俩是谁、在干什么（坐在前面弹琴的是俞爷爷，躺在后面听琴的是钟爷爷），引导幼儿模仿他俩的姿势；教幼儿认读展牌上的字"高山流水"，鼓励幼儿讲讲"伯牙鼓琴遇知音"的故事；打开手机视频，和幼儿一起欣赏中国古琴曲《高山流水》，告诉幼儿《高山流水》比喻知音、知己，也比喻乐曲高妙。

图片 8-14 《高山流水》雕像

图片 8-15 笔架山

12. 观看笔架山

教师、家长带领幼儿来到笔架山，启发幼儿说说这座山的造型看上去像什么（笔架）；告诉幼儿笔架也叫笔搁，是一种文具，人们在写字、画画需要构思、休息时，就把毛笔放在笔架上面，以免毛笔污损其他物品；使幼儿知道笔架是中国传统文房用具，是古人书案上不可缺少的文具。

13. 仰望文笔塔

教师、家长带领幼儿来到文笔塔旁，教幼儿认读石碑上的这3个大字，告诉幼儿这是"常州市文物保护单位"；指导幼儿数数高塔有几层（7层）、几个面（8个）、几个拱门（每层有4个拱门，各层间拱门方向相互错开），说说宝塔是什么形状（八角形）、角有什么特点（向上翘角、挂铜铃）；引导幼儿抬头仰望宝塔的顶部，说说看到了什么（铜葫芦）；鼓励幼儿猜猜这只铜葫芦有多重（1500千克），使幼儿知道文笔塔高耸入云，是常州现存最古老的建筑；告诉幼儿这里是文笔夕照景点，给幼儿朗读古代诗人杨万里的《题太平寺诗》（太平古寺劫灰余，夕阳惟照一塔孤），使幼儿知道景点名称的由来。

图片 8-16　文笔塔　　　　　　　　图片 8-17　公园南门

（三）离开公园

1. 点赞公园

教师、家长带领幼儿朝公园南1出口走去，表扬幼儿今天表现很好（自己走路、开动脑筋思考问题）；引导幼儿回头看看高塔，说说它的名称（文笔塔），为它点个赞。

2. 说说桥梁

教师、家长告诉幼儿红梅公园有很多桥，今天只逛了几个桥（一星桥、映梅桥、伯牙桥、星聚桥），下次再来看看其他桥，使幼儿体会到公园的水乡特色。

3. 讲讲景点

教师、家长告诉幼儿红梅公园有8个景点，今天只逛了3个景点（"翠薇秋霞""红梅春晓""文笔夕照"），以后再来玩玩其他5个景点（"古刹钟声""青峦倒影""凤桥花径"、夏天时来看"曲池风荷"、冬天时来看"孤山雪松"），使幼儿感受到公园的不同季节美。

4. 聊聊景区

教师、家长告诉幼儿红梅公园很大，有3个景区，今天只逛了南部的文物古迹区（如红梅阁、文笔塔），下次再去玩东部的科普教育区（如儿童游乐场、游乐园）、西北部的娱乐活动区（如游艇码头、水上剧场），使幼儿体验到公园既好看又好玩。

5. 拍照合影

教师、家长鼓励幼儿寻找南1出口门匾上"红梅公园"4个绿色大字，给幼儿在公园门口多拍几张照片；引导幼儿来到文笔塔广场，启发幼儿找找红梅图案以及"红梅公园""国家AAAA级旅游景区""国家重点公园"等金色大字，鼓励幼儿组词造句（如红梅公园是国家4A级旅游景区，也是国家重点公园），和幼儿一起拍照留念。

四、游览红梅公园活动的延伸

1. 逛逛其他公园

教师、家长带领幼儿去逛逛东坡公园、华罗庚公园、新北中心公园、荆川公园、青枫公园、凤凰公园，使幼儿能感受到每个公园都很美妙，更加喜爱去公园游玩。

2. 参观其他场馆

教师、家长带领幼儿去参观常州博物馆、常州规划馆、瞿秋白纪念馆，使幼儿能认识到常州的过去、现在和未来，更加热爱这座城市。

第九章 教师、家长带领幼儿游览江苏省无锡市江尖公园活动方案

图片 9-1 无锡市江尖公园

一、游览江尖公园活动的目标

1. 教师、家长促使幼儿认识到江尖公园所在的江尖渚是京杭大运河中的一座小岛，历史悠远、文化底蕴深厚。江尖公园是京杭大运河沿线城市中少有的风水宝地、锡城的"水上氧吧"。

第九章 教师、家长带领幼儿游览江苏省无锡市江尖公园活动方案

2. 教师、家长促使幼儿提高空间感知能力、观察能力、思维能力和语言表达能力。

二、游览江尖公园活动的准备

1. 教师、家长了解江尖公园的地理位置（无锡市梁溪区北塘大街）、著名景点（如江尖渚上点塔灯）、交通路线（公交车57路等可到达）、门票（免费）等信息。

2. 教师、家长给幼儿讲讲自己去江尖公园游玩的美好经历，引导幼儿谈论将带他们去江尖公园游逛的具体事项（如想什么时候去玩、怎样到达、穿什么样的衣服和鞋子、去看哪几个景点）。

三、游览江尖公园活动的过程

（一）在公园门口

1. 观赏环秀桥

教师、家长带领幼儿来到环秀桥边，指导幼儿仔细观察石拱桥和大运河；教幼儿认读桥身上的3个红色大字，告诉幼儿桥是一种在水上架空的人造通道，由上部结构（桥身与桥面）和下部结构（桥墩、桥台与基础）所组成；牵着幼儿的手走上大桥，告诉幼儿这是一座非常漂亮的人行石拱桥；和幼儿一起站在桥上，观看四周的风景和远处的江尖大桥。

图片9-2 环秀桥

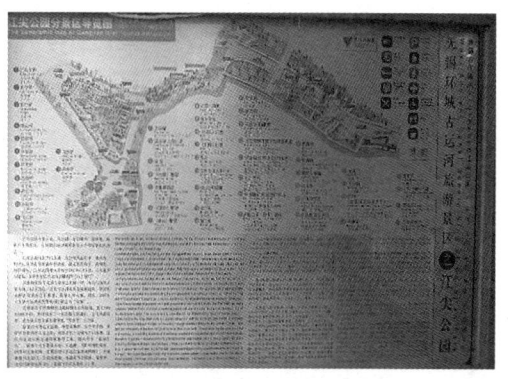

图片9-3 江尖公园分景区导览图

2. 观看公园门

教师、家长带领幼儿来到江尖公园门口，教幼儿认读圆窗上方的扇形门匾上

"江尖公园"这4个大字。

3. 观察导览图

教师、家长带领幼儿来到"江尖公园分景区导览图""无锡环城古运河旅游景区之江尖公园"展板前,指导幼儿寻找江尖公园的位置(在导览图的左上角),鼓励幼儿说说它看上去像什么形状(三角形);告诉幼儿这个公园位于北塘大街、古运河南岸呈三角形的小岛上,河水环绕,周围有好几座桥;问幼儿刚才我们走过的桥叫什么桥(环秀桥);引导幼儿找找《嬉戏》雕塑、"灯塔""儿童天地""江尖大桥""江尖渚上点塔灯"的位置,告诉幼儿我们马上就去看看这些有趣的地方。

4. 了解游园守则

教师、家长带领幼儿来到"江尖公园游园守则"展板前,给幼儿讲读游园守则,使幼儿牢记游客要"爱护园内的一切设施、设备、花草树木",遵守"儿童游乐场所"的规定,"自觉维护园内的环境和公厕的清洁卫生"。

(二)在公园里面

1. 观赏雕塑《制陶》

教师、家长带领幼儿来到雕塑《制陶》前,鼓励幼儿猜猜这个人在干什么(制陶),指导幼儿描述一下陶工的表情、动作和姿势(他赤脚坐在大石头上,左肩上搭着一条毛巾;他低头微笑,看着自己的作品;他左手抓住缸口,右手在缸上雕刻花纹;他身后还堆着许多缸);启发幼儿猜猜陶工为什么会微笑(他很高兴、他对自己的作品很满意);教幼儿认读旁边石碑上"制陶"这2个大字,告诉幼儿制陶术是用黏土制作陶器等产品,然后加热使其硬化的艺术,使幼儿知道陶工很辛苦、制陶艺人很了不起。

图片9-4 雕塑《制陶》

图片9-5 雕塑《鱼米之乡》

2. 观赏雕塑《鱼米之乡》

教师、家长带领幼儿来到雕塑《鱼米之乡》前，鼓励幼儿数数共有几个雕像（4个）；启发幼儿讲讲这4个人在干什么（一个小男孩是渔童，他光着双脚、金鸡独立，双手抓着1条大鲤鱼，右脚按住鱼身，不让鱼跑掉；一位老爷爷是渔翁，他穿着草鞋、戴着斗笠，笑眯眯地站在草地上，背着鱼篓，扛着渔网，满载而归；一位美女阿姨是"酒二嫂"，她双手捧着一只大酒壶；一位大伯是"米掌柜"，他在称米喊价）；教幼儿认读展板上的"鱼米之乡"这4个大字，告诉幼儿鱼米之乡就是指盛产鱼类和大米的富庶地方，使幼儿知道无锡自古就是鱼米之乡。

3. 观赏雕塑《对弈》

教师、家长带领幼儿来到雕塑《对弈》前，鼓励幼儿猜猜这个老爷爷在干什么（下棋）；指导幼儿描述一下他的动作和表情（老爷爷穿着拖鞋、袒胸露背，跷着二郎腿，坐在大石头上棋盘的旁边；他左手拿着扇子、放在大石头上，右手举着一颗棋子，正聚精会神地想着要把棋子摆在哪里才能赢）；引导幼儿坐在对面的一块大石头上，与老爷爷下棋，为幼儿拍张照片；教幼儿认读展板上"对弈"这2个字，告诉幼儿对弈就是下棋的意思。

图片9-6　雕塑《对弈》

图片9-7　灯塔

4. 观望灯塔·风帆

教师、家长带领幼儿来到"景区百景之25：灯塔·风帆"，启发幼儿仰望圆形喷泉广场中央的灯塔，数数它有几层（5层），告诉幼儿灯塔是高塔形建筑物，在塔顶装设灯光设备，易于船舶分辨方向；鼓励幼儿寻找风帆，说说它在哪里（在船型的亲水平台上面），告诉幼儿风帆是张帆乘风而行的船；教幼儿学说一个好听的成语"一帆风顺",告诉幼儿它的原意是指帆船一路顺风,也用于祝福别人旅途顺利、办事顺利。

5. 观赏雕塑《嬉戏》

教师、家长引领幼儿来到雕塑《嬉戏》前,启发幼儿数数共有几个小朋友(3个),猜猜他们在干什么(做游戏);指导幼儿描述一下每个小朋友的姿势(左边的小朋友蹲在地上打弹子,中间的小朋友在习武,右边的小朋友在跳舞),鼓励幼儿模仿一下自己喜欢的雕像姿势,为幼儿拍照;教幼儿认读展板上"嬉戏"2个字,告诉幼儿嬉戏就是玩耍的意思,使幼儿知道小朋友在一起玩游戏很开心,大家要团结友爱。

图片9-8 雕塑《嬉戏》

图片9-9 路牌

6. 学认路牌

教师、家长带领幼儿来到路牌前,教幼儿认识路牌,告诉幼儿如果想去儿童天地玩玩,就要按照路牌上所指的方向,朝左前方走。

7. 游玩儿童天地

教师、家长带领幼儿来到儿童天地区域,鼓励幼儿自由玩耍,可以登扶梯、开汽车、走平衡木、滑滑梯,也可以走荡桥、玩吊环、爬攀登架、骑鞍马、玩跷跷板;指导幼儿比较一下这里的游戏场地和器械与幼儿园里的相比,有什么相同点和不同点。

8. 观赏雕塑《牧童》

教师、家长带着幼儿来到雕塑《牧童》前,启发幼儿说说看到了什么(1个小朋友、1头大牛);指导幼儿讲讲这个小朋友在干什么(坐在牛背上吹笛子)、牛在干什么(躺在草地上,四肢弯曲,头昂着,在听牧童吹奏乐曲),鼓励幼儿学做吹笛子的动作；教幼儿认读旁边展板上"牧童"这2个大字，告诉幼儿牧童就是放牛的孩子；为幼儿朗读古代诗人吕岩的《牧童》（草铺横野六七里，笛弄晚风三四声。归来饱饭黄昏后，不脱蓑衣卧月明），给幼儿讲讲这首古诗的大意（辽阔的草原像是把青草铺在地上一样，晚风中传来了牧童断断续续的悠扬笛声。牧童放牛回来吃饱饭，已过黄昏了，他连蓑衣都没脱，就躺在草地上仰望空中的圆月）。

图片9-10　儿童天地

图片9-11　雕塑《牧童》

9. 观看江尖大桥

教师、家长带领幼儿来到江尖大桥旁，**首先**，引导幼儿寻找桥名（在桥身上），启发幼儿数数它有几个字（4个），说说字是什么颜色的（红色）。

其次，鼓励幼儿夸夸雄伟壮观的江尖大桥，告诉幼儿这座大桥腾空飞跨公园西头给予的蔽荫遮雨福庇，使公园一年四季都宜游宜憩。

再次，指导幼儿观看大桥左侧桥墩1立面上的历史人物浮雕（父子治黄／清大学士／嵇曾筠、嵇璜），告诉幼儿父亲嵇曾筠和儿子嵇璜都是无锡人，他们父子俩都是中国古代著名的水利专家、治水能人，造福了百姓；指导幼儿观看大桥右侧桥墩1立面上的历史人物浮雕（墨竹国手／明著名画家／王绂），告诉幼儿王绂是无锡人，幼年聪明好学，是中国古代大画家，人们称赞他画的墨竹是"明朝第一"。

最后，引导幼儿观看大桥左侧桥墩2立面上的历史人物浮雕（治无锡湖／战国四公子之一／黄歇），告诉幼儿黄歇是无锡治湖第一人，他对无锡贡献很大，除了修路之外，还为民兴修水利；引导幼儿观看大桥右侧桥墩2立面上的历史人物浮雕（妙画通灵／东晋画圣／顾恺之），告诉幼儿顾恺之是无锡人，自小博览群书，知识渊博，多才多艺，最擅长绘画，其所作《洛神赋图》是中国十大传世名画之一。

图片 9-12　江尖大桥

图片 9-13　江尖渚上点塔灯

10. 观赏江尖渚上点塔灯

教师、家长引领幼儿来到江尖渚上点塔灯景区时，**首先**，指导幼儿观看缸塔，说说它看上去像什么（金字塔），鼓励幼儿夸奖一下缸塔（很高、很漂亮、很壮观、很有创意）；启发幼儿数数缸塔有几层（9层）、有多少只大缸（109只）；引导幼儿围绕缸塔慢慢行走，指导幼儿观赏底部缸体上的彩绘，教幼儿认读画旁的文字（卖豆腐花、爆米花、补锅匠、剃头挑子、腊八粥、磨豆浆、孝子寻母、做豆腐、弹棉花、蒸年糕、骆驼担、补碗匠、冬至、修棕绷、卖糖人、写春联、换糖、箍桶匠）。

其次，给幼儿读讲展牌上"江尖文化　江尖佳酿惠泉酒"的简介，告诉幼儿以惠山天下第二泉为商标的惠泉酒（它是用雪白的糯米和清醇的惠山二泉水酿制而成的一种乳白色的甜水酒，所以又叫三白酒），是无锡古代名酒（江尖渚酿造的最佳），中国古典名著《红楼梦》都提到过惠泉酒，说明惠泉酒当时影响很大。

再次，给幼儿读讲展牌上"江尖文化　江尖渚上团团转"的简介，告诉幼儿这是广为流传的无锡谚语，讲的是孝子寻母的故事（出生在无锡江尖渚上的一个小男孩，被送到江西当了别人家的养子。后来这个小男孩长大了，就带着他的养母，来到无锡江尖渚寻找他的亲生父母。他多次环着岛渚呼喊母亲，但都没能找到生母）。

最后，给幼儿读讲展牌上"江尖文化　江尖陶器集聚多"的简介，告诉幼儿江尖渚上的居民很早就开始买卖宜兴陶器了，形成了陶器市场，各地运粮船只在对岸卖完米以后，就利用空船装载陶器回去。

另外，给幼儿读讲展牌上"江尖渚上点塔灯"的简介，告诉幼儿很久以前，每逢农历七月三十日晚上，江尖渚上的窑铺店主们，都要在陶缸堆叠的缸塔上，用油脚点燃棉纱或灯草，形成一座座"宝塔灯"，成串、成片的塔灯照亮运河的夜空和河水，形成了奇妙的景色。

（三）离开公园景区

教师、家长带领幼儿来到"无锡环城古运河旅游景区"展板前，**一方面**，引导幼儿观看右边栏框里的"江尖公园分景区导览图""无锡环城古运河旅游景区之江尖公园"相关内容，给幼儿讲读简介（江尖公园分景区由江尖公园、后海闹春、莲蓉苑、站前灯火等组成，是环城古运河旅游景区五个重要景观区块之一），告诉幼儿我们今天只游览了江尖公园，以后再去游览后海闹春、莲蓉苑、站前灯火等地方。**另一方面**，指导幼儿观看左边的"世界文化遗产 中国大运河·江南运河无锡城区段"，教幼儿认识"世界文化遗产"的标志；给幼儿讲读"无锡环城古运河旅游景区"简介；引导幼儿寻找江尖公园的位置，告诉幼儿以后再去游览运河公园、业勤苑、淘沙巷、西水墩这四个重要的景观区块。

图片9-14 "无锡环城古运河旅游景区"展示板

四、游览江尖公园活动的延伸

1. 做做玩玩

教师、家长鼓励幼儿动手动脑，用游戏泥制作自己喜欢的雕塑，用积木搭建灯塔、缸塔、大桥，加深幼儿对江尖公园著名景点的印象。

2. 逛逛公园

教师、家长可以带领幼儿去游逛运河公园、吟苑公园、锡惠公园、吴文化公园、无锡体育公园、清扬公园、金城湾公园、蠡湖大桥公园、宝界山林公园、金匮公园、无锡尚贤河湿地公园、无锡长广溪国家湿地公园,使幼儿能领略到城市不同公园的风采。

3. 看看博物院

教师、家长引导幼儿去参观无锡博物院,观看雕塑、陶器、紫砂陶艺、惠山泥人等展览,使幼儿能全面了解无锡这座历史文化名城的故事。

第十章 教师、家长带领幼儿游览江西省南昌市孺子亭公园活动方案

图片 10-1 南昌市孺子亭公园

一、游览孺子亭公园活动的目标

1. 教师促使家长认识到公园也是教育孩子的重要场所,通过带领孩子游览孺子亭公园,优化亲子关系,丰富孩子的多种知识,提升孩子的多元智能,促进孩子健康快乐地成长发展。

2. 教师、家长促使幼儿意识到孺子亭公园是一个免费的公园,交通比较便利,为生活在英雄城市而感到自豪。

3. 教师、家长促使幼儿亲密接触孺子亭公园里的"孺子亭""孺子赏月"等景点,体验到"徐亭烟柳"的美景。

4. 教师、家长促使幼儿认识到孺子亭公园是为了纪念南昌名仕徐孺子而建设的公园，知道要向徐孺子学习，热爱读书，做个品学兼优的好孩子。

二、游览孺子亭公园活动的准备

1. 教师、家长上网查询南昌市孺子亭公园的地理位置（西湖区西湖路或孺子路）、交通路线图（地铁1号线、公交车9路等均可到达）、门票（免费）、景点（如孺子亭、孺子赏月）等信息。

2. 教师、家长和幼儿讨论游览孺子亭公园的准备工作：什么时候去（如晴天去）、怎么去（如步行去）、穿什么衣鞋去（如休闲衣鞋）、戴什么帽子去（如遮阳帽）、带什么物品去（如背上双肩包，带上小瓶饮用水、点心、纸巾、小画板、画笔）。

三、游览孺子亭公园活动的过程

1. 观赏公园北门

教师、家长带领幼儿来到公园北门入口处，教幼儿认读大门上方匾额里的字"孺子亭公园"，告诉幼儿从右往左读是中国古人的读法，启发幼儿数数有几个字（5个），说说这5个字是什么颜色（蓝色）；给幼儿读讲大门两边木柱子上的对联"水色澄清邀皓月""波光潋滟映孺亭"，启发幼儿数数上联、下联各有几个字（7个），告诉幼儿这是七字对联；给幼儿讲读大门左边红色告示牌上的图文，使幼儿知道"不能携带宠物狗以及任何车辆入园""不能下湖游泳以及在湖边打闹嬉戏"；引导幼儿走进北门，观赏连廊。

图片 10-2　孺子亭公园北门入口处

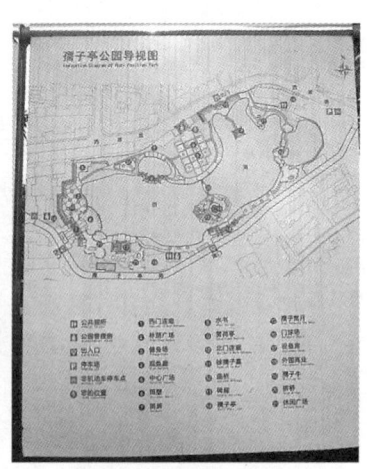

图片 10-3　孺子亭公园导视图

2. 观看公园导视图

教师、家长带领幼儿来到孺子亭公园导视图前,告诉幼儿"上面是北,下面是南,左面是西,右面是东",鼓励幼儿在图上寻找"北门""南门""西门",告诉幼儿这几个地方都是"出入口";指着图上的红色标志"!",告诉幼儿"这是我们现在所处的位置",启发幼儿想想刚才我们是从哪里进来的(圆圈10,北门);指导幼儿在图的北门外寻找路名(西湖路),在图的西门、南门外寻找路名(孺子亭路),在图的里面寻找湖名(西湖);教幼儿认识"孺子亭""孺子赏月""徐孺子墓""孺子牛"等标识,询问幼儿想先去哪个景点看看。

3. 观看照壁

教师、家长带领幼儿来到照壁前,引导幼儿寻找上面的蝙蝠图案,鼓励幼儿猜猜蝙蝠纹表示什么意思(幸福),告诉幼儿因为"蝠"与"福"谐音,所以人们把蝙蝠的形象当作幸福的象征,希望幸福能像蝙蝠那样自天而降;给幼儿讲读上面的《徐孺子志》,使幼儿知道孺子亭公园的简单历史和徐孺子的感人故事(他是南昌人,从小聪明好学,知识渊博;家里很穷,常常自己耕作,不是自己劳动所得的不吃;他为人恭俭义让,周围的邻居都很佩服他的品德,人们称赞他是"南州高士""人杰"楷模),萌发幼儿向徐孺子学习的愿望。

图片 10-4　照壁　　　　　　　　图片 10-5　孺子亭

4. 观赏孺子亭

当教师、家长带领幼儿走向孺子亭时,**首先**,可引导幼儿走在石拱桥上,远眺孺子亭,数数它有几层(2层)、几个角(8个),说说亭子的角有什么特点(向上翘起)、看上去像什么(像小鸟展翅飞翔),告诉幼儿它叫飞檐翘角。

其次，可引领幼儿走过石拱桥，站在路边，近距离观察亭子，说说亭子与房子有什么不同（面积较小，只有顶，没有墙），想想为什么要建亭子（让人们停下来休息、避雨、乘凉），告诉幼儿过一会儿也进去坐坐、歇歇。

再次，可指导幼儿拾级而上，来到亭下，教幼儿认读匾额"孺子亭"，启发幼儿数数它有几个字（3个），说说这3个字是什么颜色（金黄色）；给幼儿读讲下面的对联"南州高士徐稚布衣下礼贤之榻""东汉名臣陈蕃太守尊尚德之才"（陈蕃做太守时，礼贤下士，非常敬重徐孺子的德才，当把徐孺子请来时，就把专门为他准备的这张床放下来，让他坐；当徐孺子走后，就把这张床挂起来，不让别人坐），启发幼儿数数上联、下联各有多少个字（13个），使幼儿知道这是副13字对联。

最后，可领着幼儿走进亭子，坐下来休息一下，引导幼儿仰望上面的各幅图画，说说看到了什么图案花纹（如二龙戏珠、喜鹊登梅、荷花盛开）；启发幼儿观赏天花板上的图文，鼓励幼儿说说这幅画面的意思（徐孺下陈蕃之榻），给幼儿讲读旁边文字"物华天宝，龙光射牛斗之墟；人杰地灵，徐孺下陈蕃之榻"的大意（万物的精华都是天然的宝贝，宝剑的光芒射向天空的牛斗二星；杰出的人物都生于灵秀的地方，陈蕃太守专门为徐孺子准备了一张床）；引导幼儿观赏亭子外面的风光。

图片10-6 天花板上的图文

图片10-7 孺子赏月

此外，可带着幼儿走出亭子，引导幼儿回头欣赏亭子，启发幼儿读读亭子匾额"孺子亭"，给幼儿读讲两旁的对联（"华夏贤人福四海""赣都高士誉千年"），启发幼儿说说这是几个字的对联（7字对联）；告诉幼儿徐孺子谢世后，人们为了纪念他这位节操高尚的布衣之士，就在他读书垂钓的这个地方建了亭子。

第十章 教师、家长带领幼儿游览江西省南昌市孺子亭公园活动方案

5. 观看"孺子赏月"

首先,教师、家长带领幼儿观看"假山景观",使幼儿感受到这里叠石成山;告诉幼儿这里是"严禁攀爬"的。

其次,教师、家长鼓励幼儿猜猜石洞上面的那个大圆盘是什么东西(一轮人造月亮);告诉幼儿每当夜晚,人造月亮会被点亮,看上去就像一轮满月,月光洒在水面上,与天上的月亮交相辉映。

再次,教师、家长启发幼儿说说看到了什么植物(如香樟树、柳树)、什么动物(仙鹤);数数有几只仙鹤(3只),学学3只仙鹤的动作(低头寻食、展翅飞翔、回首翘望)。

最后,教师、家长指导幼儿找找小船及在水面上的倒影,猜猜站在船头上的那个小孩是谁(徐孺子),学学徐孺子的样子(手里拿着一本卷起来的书,脚站在船头,眼看着前方);鼓励幼儿猜猜徐孺子在干什么(在月光下玩耍,欣赏天上的月亮)。

此外,教师、家长带领幼儿观看"孺子赏月"展板,给幼儿读读上面的文字(徐孺子年九岁,尝月下戏,人语之曰:"若令月中无物,当极明邪?"徐曰:"不然。譬如人眼中有瞳子,无此必不明。"),讲讲《孺子赏月》的故事(徐孺子九岁时,有一天在月光下玩耍,别人问他:"假如这月光中间没有那黑暗的阴影,一定会特别的明亮吧?"他回答说:"不对,这月光中的黑影,就像我们眼睛里的珠子,人如果有眼无珠,那什么也看不清楚。"),使幼儿知道徐孺子小时候非常聪明,热爱学习,知识丰富,是自己学习的好榜样。

6. 观看碑廊

教师、家长带领幼儿来到碑廊前,给幼儿讲读匾额"碑廊"及两边的对联"一方太守尊高士""千载儒风育俊才",启发幼儿说说这些字是什么颜色(黄色),讲讲这是几个字的对联(7字);引导幼儿走进碑廊,给幼儿讲读匾额"千古流芳"及两边的对联"树碑立传静养清修承老庄之道""崇义重德勤读广教治孔孟之学",鼓励幼儿讲讲这些字是什么颜色(蓝色),说说这是多少个字的对联(13字);指导幼儿观看碑廊,观赏廊顶上的图案花纹(如荷花)。

7. 观看"徐亭烟柳"

教师、家长带领幼儿来到刻有"徐亭烟柳"这几个字的大石头旁,启发幼儿数数有几个字(4个),说说这几个字是什么颜色(黄色),教幼儿从右往左认读这4个字;鼓励幼儿找找"徐亭"、柳树,告诉幼儿"徐亭"也叫"孺子亭","徐亭烟柳"表现的是南昌的一大美景。

图片 10-8 碑廊

图片 10-9 徐亭烟柳石刻

8. 观赏"水书"

教师、家长带领幼儿来到公共艺术区，引导幼儿观看湖边的亭子、石桥、树木、高楼及其在湖面上的倒影，观赏湖里的金鱼和水草；启发幼儿寻找湖面上的汉字，给幼儿读讲"水书"（春月溶溶夜　烟笼孺子亭　微风杨柳岸　隐隐踏歌声），使幼儿知道从右往左看，有四排字，每排字从上往下读；告诉幼儿以后带他去参观滕王阁，观看《徐亭春月》图。

图片 10-10 水书

图片 10-11 孺子牛

9. 观赏《孺子牛》雕塑

教师、家长带领幼儿来到公共艺术雕塑区，观赏地面的孺子牛；指导幼儿数数有几头牛（3头），说说牛是什么颜色（金色），找找牛的角、耳朵、眼睛、鼻子、嘴巴以及尾巴；启发幼儿猜猜这3头牛在干什么（游泳），说说牛有几条腿（4条），想想怎么看不到牛的腿（在水里）。

10. 观赏西门连廊

首先，教师、家长带领幼儿观看西门口的一块大石雕，启发幼儿数数上面有几个字（5个），说说这5个字是什么颜色（黄色），猜猜这5个字是什么意思（园名）；告诉幼儿这5个字从右往左读是"孺子亭公园"，教幼儿认读园名。

图片 10-12　西门口大石雕

图片 10-13　西门连廊入口处

其次，教师、家长带领幼儿观看西门连廊入口处，指导幼儿寻找公园的园名（在门的正上方），教幼儿认读"孺子亭公园"；启发幼儿数数园名有几个字（5个），说说这5个字是什么颜色（黑色）；给幼儿讲读门柱上的对联（灰瓦朱楹依曙色，飞檐翘角斗春光），启发幼儿数数上联、下联各有几个字（7个），说说这些字是什么颜色（黑色），告诉幼儿这是7字对联。

再次，教师、家长带领幼儿走进西门连廊，指导幼儿寻找门上匾额，教幼儿认读"沁芳叠瀑"；启发幼儿数数有几个字（4个），说说这4个字是什么颜色（绿色）；给幼儿讲读门柱上的两副对联（"高士去已久""清风不可攀""惟留数株柳""长伴翠烟间"）；告诉幼儿这两副对联同时又组成了一首五言绝句诗，表达人们对徐孺子的敬仰之心和怀念之情。

图片 10-14　沁芳叠瀑

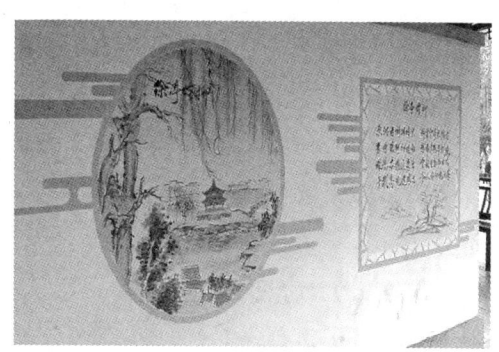

图片 10-15　连廊墙画《徐亭烟柳》

最后，教师、家长指导幼儿观赏连廊墙壁上的画，和幼儿一起分享画面的内容。例如，当观看《徐亭烟柳》这幅画时，可鼓励幼儿讲讲看到了什么美景；当观看《徐孺子下陈蕃之榻》这幅画时，可鼓励幼儿讲讲这幅画的意思；当观看《孺子耕读》这幅画时，可给幼儿讲讲《孺子耕读》的故事；当观看《徐孺传道》这幅画时，可给幼儿讲讲《徐孺传道》的故事。

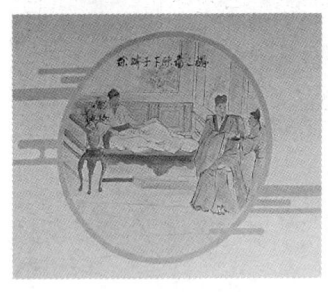
图片 10-16　徐孺子下陈蕃之榻图

图片 10-17　孺子耕读图

图片 10-18　徐孺传道图

11. 观赏观鱼廊

首先，教师、家长带领幼儿来到观鱼廊，引导幼儿寻找入口上方匾额，教幼儿认读"观鱼廊"；启发幼儿数数匾额上有几个字（3个），说说这3个字是什么颜色（绿色）。

其次，教师、家长给幼儿讲读廊柱上的对联（临潭赏鱼乐，卧石听鸟鸣）；鼓励幼儿说说这些字是什么颜色（绿色），数数上联、下联各有几个字（5个），想想这是几字联（5字联）。

再次，教师、家长引导幼儿走进长廊，指导幼儿观赏天花板上面的图案花纹（如荷花、祥云）；告诉幼儿祥云表示吉祥如意、荷花表示和和美美，荷花和祥云两种图案放在一起就表示和美吉祥。

最后，教师、家长和幼儿一起坐在长椅上休息，观赏周围的景色，寻找水中的游鱼，感受"人在水中走，鱼在水中游"的神奇。

12. 观看赏荷亭

首先，教师、家长带领幼儿来到石栈桥，引导幼儿观看桥头石栏上的雕塑，鼓励幼儿说说这是什么动物（狮子）；指导幼儿远观亭子，启发幼儿数数亭子有几层（2层）、几个角（4个）、角有什么特点（角尖、上翘），想想"亭"是什么意思（停止），告诉幼儿亭子是供游人休息、观赏四周美景的地方；鼓励幼儿说说亭子与房子有什么区别（亭子只有屋顶，没有门窗、围墙），告诉幼儿亭子具有四面迎风、八面玲珑的特点。

图片 10-19　观鱼廊

图片 10-20　赏荷亭

其次，教师、家长带领幼儿来到赏荷亭，教幼儿认读上方匾额里的字"赏荷亭"，启发幼儿数数有几个字（3 个），说说这 3 个字是什么颜色（绿色）；给幼儿读读匾额下面的对联（亭前柳绿扬正气，湖里水清赏荷花），启发幼儿数数上联、下联各有几个字（7 个），鼓励幼儿说说这是几字联（7 字联）；引导幼儿走进赏荷亭，坐在椅子上，环顾周围的景色，说说刚才去过哪几个景点。

最后，教师、家长带领幼儿来到"柳浪荷风"景点展板，启发幼儿寻找柳树和荷花，鼓励幼儿看看石栈桥和赏荷亭在水中的倒影；给幼儿讲讲徐孺子《分赠官礼》的故事（古代有个当官的送给徐孺子一匹布，徐孺子回到村里以后，就按照村里的户数，给每户人家分赠了几尺布，留下了"分赠官礼"的佳话）；引导幼儿观赏大片的荷花，闻闻荷花的香味，告诉幼儿人们借用"荷花出淤泥而不染，莲藕清廉默默奉献的精神"来赞美徐孺子淡泊名利的高尚品德。

13. 瞻仰徐孺子墓

教师、家长带领幼儿瞻仰徐孺子墓，鼓励幼儿讲讲徐孺子的故事；指导幼儿观看展板"生刍如玉"，给幼儿讲讲"生刍一束，其人如玉"的故事（以一束青草祭拜挚友亡母，礼轻而情意重），使幼儿知道徐孺子的高士风范一直受到人们的敬重。

四、游览孺子亭公园活动的延伸

1. 搭建"孺子亭公园"

教师、家长和幼儿一起玩玩搭建"孺子亭公园"的游戏，给幼儿提供多种多样的游戏材料（如各种形状的积木、不同大小的纸盒等废旧物品），鼓励幼儿回想游览孺子亭公园的情景、各个景点的位置；引导幼儿平铺北门连廊、西门连廊、堆叠孺子亭、观鱼廊、观荷亭，摆放西湖、柳树、游鱼、荷花等，加深幼儿对"徐亭烟柳"这一美景的印象。

2. 游览八一公园

教师、家长带领幼儿去八一公园逛逛，使幼儿知道这个公园有3个门可以进出，十分方便（北大门在民德路，南大门在苏圃路，西门在中山路）；引导幼儿寻找"中山亭""六角亭""蘑菇亭""四角亭""百花洲亭""竹亭""湖心亭""品字亭"等景观，启发幼儿想想这里的亭子和孺子亭公园里的亭子有什么异同点；指导幼儿观赏"百花桥""东湖""苏堤拱桥""苏圃""柳堤""九曲桥""东湖夜月碑""贡院井"等美景，使幼儿感受到湖水荡漾，清姿秀色；告诉幼儿南昌古称豫章，城内湖泊星罗棋布，山清水秀，自然景观非常优美，这个公园里就有"豫章十景"中的两个美景"东湖月夜"和"苏圃春蔬"。

3. 参观滕王阁

教师、家长带领幼儿去滕王阁参观，使幼儿知道它位于沿江路赣江东岸，交通便利；引导幼儿观赏高大的牌楼上的精美图案（如龙、凤、莲花、龙凤呈祥）、寻找匾额上的字，教幼儿认读"滕阁秋风"；指导幼儿观看"滕王阁旅游区导游全景图"，给幼儿讲读"滕王阁介绍"，使幼儿知道它是由"滕王"李元婴创建的，因唐代诗人王勃所作《滕王阁序》而名传千古；引导幼儿欣赏"滕王阁"建筑的美，告诉幼儿它已经过多次重建，是"江南三大名楼"之一；指导幼儿登阁俯视远望，使幼儿感受到南昌秋天的独特的美，告诉幼儿"滕阁秋风"是"豫章十景"之一。

图片 10-21　八一公园南门

图片 10-22　滕阁秋风

4. 参观江西省博物馆

教师、家长带领幼儿去江西省博物馆新馆参观，使幼儿知道它位于赣江北大道，地铁、公交车都能到达；指导幼儿欣赏博物馆的建筑造型，鼓励幼儿说说它看上去像什么（方盒），告诉幼儿这个方盒寓意宝盒；引导幼儿走进展厅"万年窑火　千年瓷都——江西古代陶瓷文化展"，观赏瓷器藏品"清代霁蓝金彩滕王阁双耳扁瓶"，告诉幼儿这是个六方扁瓶，鼓励幼儿找找梅花花纹在哪里（在瓶子的颈部）、滕王阁图案在哪里（在瓶子的腹部），教幼儿认读在重檐四方楼阁上挂着的匾额"滕王阁"；引导幼儿走进其他展厅（如"物华天宝　人杰地灵——江西古代历史文化展览""红色摇篮——江西革命史陈列""物华新诗——赣鄱非遗展""同心·你我——江西省博物馆征集抗疫见证物特展"），观赏各种藏品（如青铜器、书画、革命文物），促使幼儿进一步感受到江西的文化和发展。

图片10-23　清代霁蓝釉金彩滕王阁双耳扁瓶

下篇　优秀园丁方案选登

第十一章 教师、家长带领幼儿游览上海市百禧公园活动方案①

图片 11-1 上海市百禧公园入口处

一、游览百禧公园活动的目标

1. 教师、家长使幼儿感受到百禧公园的特别之处,了解公园空间设计与利用所蕴含的意义。

---

① 本章作者顾英姿,上海市实验幼儿园书记兼园长,中学高级教师,曾获上海市优秀校园长等荣誉称号;本文为顾英姿主持的上海市教育科研市级课题"基于'健康教育'课程的个性化家园互动实践研究"(立项编号为C19013)的研究成果之一。

2. 教师、家长使幼儿感受到社区的时代变迁，发现社区生活变得越来越美好。

二、游览百禧公园活动的准备

1. 教师、家长上网查询百禧公园的各种信息：位置（普陀区曹杨路875号）、交通（地铁3号线、公交车62路等均可到达）、门票（免费）。

2. 班主任教师、家长志愿者先去公园实地游览，确定后期游览路线、人员站位。

3. 教师为每一组家庭准备一份任务卡。

4. 教师鼓励家长积极参与，增加与幼儿互动的机会。

三、游览百禧公园活动的过程

（一）入口集合，了解概况

教师、家长带领幼儿来到百禧公园入口处，鼓励幼儿寻找最能代表百禧公园的标志性石头，告诉幼儿上面有个"禧"字；指导幼儿站在百禧公园的入口处，说说这个公园与其他公园有哪些不一样的地方。

教师、家长向幼儿介绍百禧公园的特点：百禧公园是世界第三座高线公园（高线公园就是一座整体呈线性的高空公园，通常由铁路、轻轨、高架桥等改造而成）；这个园址原来是废弃铁路改造的铁路农贸市场和综合市场，2021年重新规划建设成为一个全新的、多层级、复合型的步行体验式社区公园绿地；公园分为上、中、下三层。

（二）发布任务，明确信息

教师、家长告诉幼儿这次游览公园以挑战任务的形式展开，以家庭为单位，每组家庭有一张任务卡，在规定的30分钟内自主完成相应的任务，集齐所有印章就表示顺利完成了本次任务。

（三）自主探寻，完成任务

教师指导每组家庭根据任务卡中的提示，找到相应的景点并完成相关的任务。

1. 任务一

教师指导家长与幼儿打卡半地下 k1 艺术展览，了解世界上还有哪两个高线公园；家长可向幼儿简单介绍美国纽约高线公园、韩国首尔高线公园的基本情况，为我们生活的地区拥有世界第三座高线公园而感到自豪。

图片 11-2　k1 艺术展览

图片 11-3　老车站的痕迹

2. 任务二

教师指导每组家庭鼓励幼儿寻找铁路老车站的痕迹，在游览的过程中，教师、家长引导幼儿观察顶层步道的双拱廊桥遮阳棚，告诉幼儿这是借鉴了老车站的顶棚造型，和幼儿在此拍照留念。

3. 任务三

教师指导每组家庭鼓励幼儿寻找照片中一处保留下来的老墙面，告诉幼儿这个墙面是从原市场的旧墙体中保留下来的，使幼儿能感受到设计者利用老建筑的痕迹留下文化记忆的用意、社区的时代变迁。

图片 11-4　原市场的旧墙体

图片 11-5　最受欢迎的篮球场

教师、家长带领幼儿游览公园活动方案

4. 任务四

教师指导每组家庭在最受大家喜爱的篮球场，开展家庭篮球对抗赛，每个幼儿在篮球场投一次篮，感受设计者的构思巧妙，为满足活动、娱乐、休闲、运动的多种需要，造就了互不干扰、交错对话的多维立体空间。

5. 任务五

教师指导每组家庭以环球港为背景，拍摄一张全家福照片，感受设计者最大限度地利用城市空间，通过设计将原本割裂的社区空间基础设施巧妙勾连，并融为社区生活一部分的智慧。

6. 任务六

教师提醒每组家庭完成五项任务后，让幼儿把任务卡递交给教师。

（四）完成任务，分享感受

1. 教师、家长给完成五项任务的所有幼儿颁发奖章。
2. 教师、家长鼓励每位获奖幼儿发表获奖感言，分享游览百禧公园的喜悦。

四、游览百禧公园活动的延伸

1. 教师鼓励家长经常带幼儿去逛逛百禧公园，发现公园的更多美，进一步感受"神来之笔"，体会从"城市伤疤"到"空中花园"的变化。
2. 教师、家长带领幼儿去逛逛曹杨公园、兰溪青年公园、枣阳公园，使幼儿全面感受社区生活的美好。

第十二章 教师、家长带领幼儿游览上海市古树公园活动方案①

图片 12-1 上海市古树公园

一、游览古树公园活动的目标

1. 教师、家长带领幼儿游览古树公园，使幼儿感受上海"0001"号古银杏树的古老和重要。

2. 教师、家长鼓励幼儿在大树下面的草坪上玩耍，欣赏古银杏树、银杏叶，感受秋天的美，并知道要爱护古树木。

---

① 本章作者俞丽雅，同济大学附属嘉定幼儿园园长，曾获上海市静安区园丁奖等荣誉称号；本文为俞丽雅主持的嘉定区教育科研重点课题"大教育观视角下幼儿园儿童土木小工程的开发与实践研究"（立项编号 JA2131）的研究成果之一。

二、游览古树公园活动的准备

1. 教师、家长了解有关古树公园的重要信息（如银杏，一级保护）、地址（嘉定区安亭镇泰海路230号）、交通路线（嘉定公交车4路等可到达）、门票（免费）。

2. 教师拟定好"游览古树公园告家长书"，并发给家长，帮助家长了解活动的具体内容和要求，使家长能协助做好活动的各项准备工作（如让孩子穿上适合户外活动的衣服和鞋子，背上一个小书包，里面放1小瓶矿泉水和1小包餐巾纸），以保障活动能顺利进行。

3. 教师为每位幼儿提供一顶印有幼儿园标识的遮阳帽。

4. 教师、家长与幼儿讨论生活中看见过的大树，并准备一本关于大树的绘本，以便于活动时坐在大树下的草坪上给幼儿讲读。

5. 教师、家长与幼儿讨论测量树干粗细的方法和工具（如可用麻绳、卷尺、手和手臂来测量），测量后如何记录下来，收集测量的工具和记录的材料。

6. 教师、家长与幼儿讨论能用现场收集的银杏树叶来装饰或制作哪些物品（如可制作银杏叶相框来放置幼儿当天的照片、可制作银杏叶风铃来装饰秋天主题的教室环境、可制作银杏叶小屋来作为幼儿园里小动物的家），共同准备制作的材料（如硬纸板制作的相框与盒子、麻绳与小木棍制作的风铃）。

三、游览古树公园活动的过程

1. 教师、家长带领幼儿来到古树公园入口，引导幼儿观察墙壁上的文字和数字（"古树名木保护""银杏""一级保护""编号0001""1200年"）以及路边石碑上的"银杏树王冠名"，给幼儿讲解这些文字和数字所表示的含义，使幼儿知道这棵古树是珍贵古老的名树，需要受到最好的保护。

图片12-2 古树公园围墙

图片12-3 古银杏树下3块石碑

2. 教师、家长带领幼儿来到古银杏树前，教幼儿认读树下 3 块石碑上的红色大字（"上海市古树名木保护碑银杏""古树名木保护牌银杏""编号：0001　1200年一级保护"），使幼儿知道这棵大树的珍贵之处；指导幼儿观察古银杏树的树干、树冠、树叶，告诉幼儿这棵古银杏树高 24.5 米，胸围 6.5 米，冠径 20 米；引导幼儿观察古银杏树树冠的宽度，观察古银杏树粗粗的树干，数数古银杏树的树枝；组织幼儿手拉手围着古银杏树站成一圈，数数有多少个幼儿才能围成一圈，使幼儿体验到这棵古银杏树的粗壮。

3. 教师、家长引导幼儿捡起飘落下来的银杏叶，观察银杏叶的形状和颜色，捧起银杏叶抛向空中，感知银杏叶的美。

图片 12-4　幼儿观赏古银杏树

图片 12-5　幼儿抛撒银杏树落叶

4. 教师、家长带领幼儿坐在古银杏树下的草坪上，听教师讲读绘本《风中的树叶》，让幼儿在大自然中感受秋叶的美，了解大树的生长和生命的意义，知道树作为生命个体应该得到尊重和爱护。

图片 12-6　幼儿聆听绘本故事

图片 12-7　幼儿观看古银杏树旁的亭子

5. 教师、家长带领幼儿来到周围的小银杏树林，引导幼儿用各种测量工具量一量银杏树干，并记录在纸上；指导幼儿把自己测量的结果与同伴的比一比，看看哪棵银杏树的树干更粗，以进一步了解树干的粗细和树龄的关系。

6. 教师、家长和幼儿一起现场收集飘落下来的银杏叶，并制作事先商量好的纪念物，如银杏叶相框、银杏叶风铃、银杏叶新年树、银杏叶小屋。

7. 教师、家长带领幼儿在古树公园里走一走，看一看江南园林式的建筑（如曲廊、花厅、花池、亭台、黄石假山、朱栏黑瓦墙），感受中国园林建筑风格的美丽。

四、游览古树公园活动的延伸

1. 教师在班级的"儿童土木小工程"区角里投放多种材料（如银杏叶、大小纸板、小木块、麻绳），以激发幼儿搭建古树公园的兴趣。

2. 教师在班级的美工区内，放置捡来的银杏叶，引导幼儿通过"画、贴、拓印"等多种方式，自由创作。

3. 教师在班级的展示角里，悬挂用捡来的银杏叶制作的物品，张贴古树公园里所拍摄的各种充满欢乐的照片。

4. 教师在幼儿园主题活动（如"我们的城市""春夏秋冬""在秋天里"）中融入古树公园，并引导幼儿发现其他更多的著名地标。

5. 教师、家长在班级里、家庭里，给幼儿读读有关大树的绘本（如《落叶跳舞》《我们的树》《叶子先生》《再见小树林》《威廉先生的圣诞树》），丰富幼儿对树木的认识。

6. 教师、家长带领幼儿游览嘉定区的嘉北郊野公园、远香湖公园、汇龙潭公园、秋霞圃、古猗园、紫藤园，让幼儿不断感受大自然的美。

第十三章　教师、家长带领幼儿游览上海市古猗园活动方案[①]

图片 13-1　上海市古猗园

一、游览古猗园活动的目标

1. 教师、家长帮助幼儿了解附近公园的自然景观与文化资源，加深幼儿对家乡的了解，培养幼儿对家乡的热爱之情。

2. 教师、家长丰富幼儿有关公园的知识经验，促进幼儿观察能力和记录能力的发展。

[①] 本章作者王小菁，上海大学附属嘉定留云幼儿园党支部书记、园长，中学高级教师，曾获上海市中青年教师评优一等奖等荣誉称号；本文为王小菁主持的嘉定区教育科学研究重点课题"'立德树人'背景下以图画书为媒介开展幼儿德育活动的实践研究"（项目号 JA2128）的研究成果之一。

二、游览古猗园活动的准备

1. 教师、家长给幼儿看看自己小时候在古猗园里拍的照片,和幼儿聊聊小时候游览古猗园的趣事。

2. 主班教师、家长志愿者提前熟悉古猗园的环境,准备好相关景点的介绍。

3. 教师、家长了解古猗园的位置(嘉定区沪宜公路218号)、交通路线(地铁11号线、嘉定公交车62路等均可到达)、收费标准(6周岁及以下儿童、身高1.3米及以下儿童均免票,全票价为12元)。

4. 教师、家长和幼儿一起准备活动所需要的各种材料(如画板、儿童相机、饮用水、垃圾袋、纸巾、记录用的纸和笔)。

三、游览古猗园活动的过程

1. 看看小时候的古猗园照片

引导幼儿观看教师、家长自己小时候在古猗园的留影照片中出镜率较多的几处标志性景观,与幼儿讨论确定4—5个游园点(如大门口的石狮子、不系舟、九曲桥、缺角亭、白鹤亭、青清园、石头大马)。

2. 观看古猗园导览图

教师、家长指导幼儿仔细观察古猗园导览图,鼓励幼儿寻找自己想去看的几个景观,并做好标记。

图片13-2　幼儿在导览图前找到自己想去的景点

图片13-3　幼儿观看万安塔

3. 介绍古猗园景点

教师、家长向幼儿简单介绍古猗园的几个重要景点;告诉幼儿万安塔位于青清园内,是一座八角形仿砖木结构的楼阁式石塔,塔身有五级,四周有石刻围栏防护；告诉幼儿缺角亭位于戏鹅池东南岸浮筠阁后面的"竹枝山"山顶上，它不同于一般亭阁飞檐高翘，而是在三只角上伸出拳头，东北则缺一个角；帮助幼儿更好地认识各个重要景点的特色。

4. 拍摄古猗园景点照片

教师、家长和幼儿到达某个重要景点（如大石马、缺角亭）后，鼓励幼儿夸夸这个景点，帮助幼儿拍一张与自己小时候近似的照片，呈现给幼儿看看，启发幼儿对照片进行比较，说说有什么相同点和不同点。

图片 13-4　幼儿站在大石马边拍照

图片 13-5　幼儿在缺角亭前留影

5. 探秘古猗园景点特色

教师、家长和幼儿一起对各个重要景点（如逸野堂、戏鹅池、松鹤园、青清园、鸳鸯湖、南翔壁）进行"探秘"活动，鼓励幼儿用儿童相机、纸笔写生等方法，记录自己的新发现，说说自己的新见闻、新感受、新收获。

四、游览古猗园活动的延伸

1. 比较照片

教师、家长和幼儿一起打印在古猗园拍的多张照片，帮助幼儿对各个景点的照片进行比较分析，鼓励幼儿说说自己的照片与教师、爸爸妈妈小时候的照片有什么相同点（如同一场景）和不同点（如不同场景）；把照片张贴在班级、家里的墙壁上，鼓励幼儿向别人介绍自己的游玩经历。

2. 制作影集

教师、家长帮助幼儿把"古猗园内合个影"的各种照片做成影集，放在班级

娃娃家里或家里客厅茶几上,供大家尽兴观赏。

3. 创编图书

教师、家长指导幼儿把"古猗园内画张画"制成图画书,放在班级或家里的图书架上,供大家随时翻阅。

4. 举办展览

教师、家长和幼儿一起把古猗园的摄影作品、绘画作品悬挂出来,装饰班级和家庭的环境,以便回忆游园的美好时光。

5. 参与活动

教师、家长带领幼儿参加在古猗园里举办的各类民俗、文化体验活动(如小笼文化节、荷花节、元宵赏灯猜灯谜、初春赏梅),强化幼儿对公园的喜爱之情。

6. 游逛其他公园

教师、家长带领幼儿去附近的留云湖公园、银翔湖公园、百亩公园、檀园、南翔水生态公园逛逛,使幼儿形成对社区的美好印象;带领幼儿去嘉定的秋霞圃、黄浦的豫园、青浦的曲水园、松江的醉白池公园玩玩,帮助幼儿认识上海的五大古典园林。

第十四章 教师、家长带领幼儿游览上海市海波公园活动方案[①]

图片 14-1 上海市海波公园平面图

一、游览海波公园活动的目标

1. 教师、家长引导幼儿寻找公园里的圆形和方形,让幼儿感受到公园图形创意的美。

[①] 本章作者刘莹,上海市嘉定区华江幼儿园书记兼园长,曾获上海市园丁奖等荣誉称号;本文为刘莹主持的嘉定区教育科研课题"依托'一村一品'资源,开发幼儿乡趣研学课程的实践研究"(项目号JB21085)的研究成果之一。

2. 教师、家长引导幼儿观察、比较、记录公园内的花草树木，促进幼儿形成探究花草树木的愿望。

3. 教师、家长引导幼儿关注公园内的设施，使幼儿感受到对残疾人的关爱。

二、游览海波公园活动的准备

1. 教师、家长了解海波公园的位置（嘉定区江桥镇海波路316号华江幼儿园斜对面）、交通（嘉定117路公交车可到达）、门票（免费）等信息。

2. 教师、家长事先游览公园，熟悉公园的布局，并根据公园内潜在的教育资源以及幼儿的年龄特点制订游览方案，保障游览活动能安全、顺利地进行。

3. 教师、家长告知幼儿将要去海波公园游览，提醒有条件的幼儿带好相机，引导幼儿做个文明的小游客。

4. 教师、家长为幼儿准备游览活动所需的材料（如记录本、水彩笔、婴儿小推车、布娃娃、小球），带好急救箱等用品。

三、游览海波公园活动的过程

1. 有趣的方和圆

教师、家长带领幼儿进入公园，来到圆形亭；引导幼儿找一找亭子及周边的图形，看看什么是方的，什么是圆的，发现圆形、方形的有趣排列和创意运用，感受图形建筑的美；汇总幼儿的发现（亭子的顶是圆的，柱子是方的；亭子下面的地砖是方的，但排列出的图案是圆的；还有围墙的砖是方的、路灯的灯是圆的）。

图片14-2　刘莹园长（左）和葛群蓉老师（右）带领幼儿寻找方和圆

图片14-3　刘莹园长引导幼儿观察蘑菇形大桂花树

2. 树木大揭秘

（1）种类丰富的树

教师、家长引导幼儿观察树木的不同，同时运用现代技术（如互联网搜索、识图APP等进行植物识别）为幼儿讲解各种树木的知识；引导幼儿玩"找颜色""叶子大不同"等游戏；指导幼儿用相机、记录本记录自己发现的多种多样的植物。

（2）好大一棵树

教师、家长引导幼儿从不同的角度观察一棵造型非常好看的、树冠形似蘑菇的大桂花树；和幼儿手拉着手，围绕着大树走一圈，看看能不能将大树围起来；启发幼儿在自己的记录本上画下这棵大树，进行想象添画。

3. 关爱残疾人

教师、家长引导幼儿来到无障碍通道，鼓励幼儿猜猜这里为什么既有台阶又有斜坡，斜坡有什么作用；告诉幼儿斜坡是专门为了方便行动不便的人（坐轮椅的人）上下台阶而设计的；引导幼儿做小推车实验（幼儿先推着放有布娃娃的小推车上下台阶，不能让布娃娃从小推车上掉下来，后推着同样的小推车经过无障碍通道），感受上下台阶很费力，体会斜坡的方便，萌发关爱残疾人的情感。

图片14-4 葛群蓉老师带领幼儿做小推车实验　　图片14-5 刘莹园长为幼儿讲解宣传指示牌

4. 宣传指示牌

教师、家长给幼儿讲解各种宣传指示牌（如健康生活宣传、文明游园提示、安全提示），使幼儿知道卫生间指示牌告诉我们哪里有卫生间，警示牌告诉我们要注意安全。

5. 草坪小游戏

教师、家长与幼儿一起在大草坪上玩玩游戏（如切西瓜、马兰花、丢手绢、

滚地雷、踢皮球、吹泡泡、玩水枪、捡落叶）。

6. 自由玩一玩

教师鼓励家长带着幼儿到自己喜欢的地方去多玩一会儿，如到树阵广场、儿童乐园、草坪岛滩、溪流亭桥去看一看，到小木桥上去走一走，到四方亭里去坐一坐，到小乐园里去动一动，感受游玩公园的美好与快乐。

7. 树叶大比拼

教师、家长鼓励幼儿捡各种各样的树叶，按照不同的维度进行分类；找一找，比一比最大、最小、最长、最短、最宽、最细的树叶，并做个排序。

四、游览海波公园活动的延伸

1. 搭建圆形和方形的亭子

教师、家长引导幼儿关注生活中的圆形和方形，为幼儿提供多种积木，让幼儿自己设计、搭建圆形和方形的亭子，讲讲亭子的故事。

2. 了解其他残疾人设置的设施

教师、家长引导幼儿了解生活中专为残疾人设置的公共设施（如马路上的盲人道、电梯里的低矮按钮、商场里的残疾人专用卫生间、地铁里的无障碍电梯），使幼儿能更加关爱残疾人。

3. 游览附近的其他场馆

教师、家长带领幼儿去游览陇南公园、双桥公园、金鹤公园、滨江爱特公园，去参观秦古美术馆、搪瓷展览馆。

第十五章　教师、家长带领幼儿游览上海市天山公园活动方案[①]

图片 15-1　上海市天山公园

一、游览天山公园活动的目标

1. 教师、家长使幼儿知道天山公园是长宁区开放式公园，帮助幼儿了解公园主要景点的特征。

2. 教师、家长充分利用天山公园的资源丰富幼儿的社会实践活动，使幼儿感受到师幼、亲子游园活动的快乐，萌发幼儿亲近自然的情感。

[①] 本章作者陶黎晴，上海市嘉定区鹤栖路幼儿园书记、园长，中学高级教师，曾获嘉定区园丁奖；本文为陶黎晴主持的课题"'微生态圈'中儿童'实习场'自主性活动的建构研究"（上海市教育科学研究规划课题，立项编号C2021183）的研究成果之一。

二、游览天山公园活动的准备

1. 教师、家长和幼儿共同查找天山公园的具体地址（长宁区延安西路1731号）、收费情况（免费入园）、交通路线（地铁3号线和公交车71路等均可到达）、主要景点（如荷香亭、烈士纪念碑）。

2. 教师、家长与幼儿共同准备游览公园所需要的物品（如小背包、相机）。

三、游览天山公园活动的过程

（一）在公园门口

1. 教师、家长引导幼儿说说初识天山公园的第一印象，告诉幼儿：天山公园是在车水马龙的延安路高架下、没有大门、一眼能看见地铁开过、面对人行天桥的开放式公园，也是繁华、喧闹城市中幽静的绿地。

2. 教师、家长引导幼儿在公园门口寻找路牌，告诉幼儿这里是延安西路1731号。

（二）在公园里面

1. 教师、家长带领幼儿游览牡丹园，引导幼儿猜猜"这是什么花"，说说"牡丹长得怎么样"；告诉幼儿牡丹象征着圆满、生命、诚实。

2. 教师、家长带领幼儿来到荷香亭，引导幼儿仔细观察，说说亭子的特征，猜猜这个景点的名称。

图片 15-2　荷香亭　　　　　　图片 15-3　荷花池

3. 教师、家长引导幼儿欣赏荷花池景色，找找《哪吒闹海》石雕、"鲤鱼喷泉"、石拱桥，说说荷花池里现在为什么没有荷花，告诉幼儿夏天才能看到荷花。

图片 15-4　石拱桥　　　　　　图片 15-5　烈士纪念碑

4. 教师、家长与幼儿共同瞻仰烈士纪念碑，向幼儿介绍：烈士纪念碑是为纪念长宁区参加广西边境自卫反击战牺牲的烈士而建的；指导幼儿说说纪念碑用花岗石设计的造型看上去像什么花（白玉兰），告诉幼儿"白玉兰是上海市市花"。

5. 教师、家长带领幼儿去公园大草坪、儿童乐园玩耍、休息、喝水、分享美食。

6. 教师、家长引导幼儿做个"小记者"，采访公园内的游客；先向游客介绍自己，再与游客聊聊游览公园的感受与体会。

（三）离开天山公园

教师、家长提醒幼儿整理小背包，清理自己的垃圾并放到垃圾箱里。

四、游览天山公园活动的延伸

1. 教师在班级的表演游戏中创设情景"天山公园里忙碌的小记者"。
2. 教师在班级的语言活动中安排讲述活动"我是天山公园小导游"。
3. 教师在班级的数学活动中融入"天山公园六角亭"。
4. 教师在班级的科学活动中融入"天山公园里的四季花卉"。
5. 教师在班级的艺术活动中设计绘画活动"美丽的天山公园"、创作活动

教师、家长带领幼儿游览公园活动方案

"巧手小小园艺师"。

6. 家长鼓励幼儿与亲朋好友分享游览天山公园的喜悦。

7. 教师、家长带领幼儿去游览长宁区的其他公园（如虹桥公园、哥伦比亚公园、中山公园、水霞公园、中新泾公园、仙霞公园、天原公园），增强幼儿对公园的美好认识。

第十六章　教师、家长带领幼儿游览上海市复兴公园活动方案[①]

图片 16-1　上海市复兴公园

一、游览复兴公园活动的目标

1. 教师、家长通过和幼儿一起感受复兴公园中西交融的造园风格，使幼儿知

[①] 本章作者金佩，教育硕士，上海市浦东新区巨野幼儿园科研组长，曾获黄浦区教育科研成果奖；本文为金佩主持的上海市浦东新区幼儿德育专项课题"儿童视角中中华优秀传统文化教育的实践研究"（项目编号DSYE2021QJJC01）的研究成果之一。

道它是我国唯一保存较完整的法式公园。

2. 教师、家长通过带领幼儿游览复兴公园的特色景区，萌发幼儿探究自然和人文景观的兴趣。

3. 教师、家长通过和幼儿一起寻找复兴公园里的百年古树，培养幼儿乐于观察的习惯。

二、游览复兴公园活动的准备

1. 教师、家长查询复兴公园的地址（黄浦区复兴中路516号、皋兰路2号、雁荡路105号）、收费情况（免费）、交通情况（地铁1号线、公交车780路等均可到达），确定游览的路线。

2. 教师、家长根据复兴公园的特色，为幼儿设计几个游览游戏卡（如提供3—5张植物照片，请幼儿在游览当天带着照片在园内找一找）。

3. 教师、家长和幼儿共同做好游览活动的各项准备工作。

三、游览复兴公园活动的过程

（一）在公园入口处

1. 教师、家长引导幼儿看看、说说公园的名称和路牌。

2. 教师、家长指导幼儿看看公园导览图，启发幼儿猜测上面的绿色、蓝色所代表的意义，告诉幼儿绿色代表植被，蓝色代表水池；鼓励幼儿说说自己想去游览的地方。

（二）游览公园景观

1. 中国园景区

（1）荷花池－水榭长廊。家长引导幼儿找找导览图中荷花池－水榭长廊的位置；带领幼儿观察荷花的特征，借助水生植物介绍牌引导幼儿寻找再力花、梭鱼草、黄菖蒲等水生植物；带领幼儿漫步于水榭长廊，共同寻找建筑中的荷花元素；鼓励幼儿坐在长廊休憩区画一画荷花。

图片 16-2 荷花池-水榭长廊

图片 16-3 假山瀑布及六角亭

（2）假山瀑布及六角亭。教师、家长带领幼儿来到假山瀑布旁，引导幼儿看看花坛内的古树保护牌，观察百年香樟树的外形；鼓励幼儿大胆说说假山的造型像什么，带领幼儿体验穿过瀑布小山洞、近距离观看瀑布的奇妙之感；指导幼儿站在亭子里拍摄远处的景色；鼓励幼儿说说站在山顶看风景与在下面看风景有什么区别，体验登高望远的感受；引导幼儿自下而上、由外而内观察六角亭的特征。

2. 玫瑰园-春广场景区

教师、家长带领幼儿走近水杉，仰望其挺拔的树干，观察水杉的特点；带领幼儿走进玫瑰园，鼓励幼儿说说发现了什么；和幼儿玩捉迷藏的游戏，告诉幼儿躲藏时不能离开四个蔷薇花架；带领幼儿行走于春广场钢结构花架间，感受木香、蔷薇、紫藤等攀援植物的独特美。

3.《马恩》雕像广场景区

教师、家长带领幼儿来到《马恩》雕像广场，指导幼儿观瞻两位伟人的雕像；告诉幼儿这两位老爷爷非常了不起，左边的老爷爷是马克思，右边的老爷爷是恩格斯，他们两个是好朋友，他们为建设美好的世界提出了很多想法，参与了很多革命斗争，世界各地的人们都非常敬重他俩，建造雕像来纪念他俩。

图片 16-4 《马恩》雕像

图片 16-5 沉床花坛喷泉

教师、家长带领幼儿游览公园活动方案

4. 沉床花坛景区

教师、家长引导幼儿观看沉床花坛，感受法式公园轴对称的设计美；鼓励幼儿夸夸花草组成的好看的造型，说说喷泉看上去像什么；和幼儿一起寻找百岁悬铃木，了解落叶树的特征。

5. 大草坪景区

教师、家长引导幼儿在导览图上找一找大草坪的位置，和幼儿一起在大草坪上开展游戏活动（如抛接飞盘），铺上野餐垫休憩；引导幼儿观察音乐亭，说说它与中国园内亭子的异同点；和幼儿一起在音乐亭内开展趣味歌唱活动。

四、游览复兴公园活动的延伸

1. 教师、家长启发幼儿利用建构材料搭建轴对称的公园景观，鼓励幼儿自主选择材料，大胆表现亭子的造型。

2. 教师、家长通过故事屋、小剧场等形式与幼儿分享复兴公园的历史故事（公园最初建成时，不允许中国人进入，爱国志士们通过努力争取平等权利；公园在战乱中还一度成为动物们的避难所；公园里曾经矗立着法国飞行家环龙纪念碑）。

3. 教师、家长带领幼儿去游览黄浦区的绍兴公园、淮海公园，丰富幼儿对公园和社区的认识。

第十七章　教师、家长带领幼儿游览上海市长兴岛郊野公园活动方案①

图片 17-1　上海市长兴岛郊野公园

一、游览长兴岛郊野公园活动的目标

1. 教师、家长和幼儿一起感受公园美丽的自然风景，提高幼儿欣赏美的能力。
2. 教师、家长和幼儿一同观察公园里的动物、植物，提高幼儿的观察能力。
3. 教师、家长帮助幼儿了解长兴岛的特产和公园的特色，萌发幼儿爱劳动、爱家乡的情感。

---

① 本章作者李文娟，上海市黄浦区荷花池幼儿园副园长，中学高级教师，曾荣获上海市园丁奖等荣誉称号。本文为李文娟主持的"运用家庭和社区资源优化幼儿园艺术教育的研究"的预研究成果之一。

二、游览长兴岛郊野公园活动的准备

1. 教师、家长上网查找公园的地址（崇明区长兴岛凤凰公路东侧秋柑路199号）、门票（大门免费）、交通（公交车申崇四线可到达）等信息。

2. 教师、家长和幼儿一起准备活动材料（如彩色玻璃纸、画板、画笔、连接手机的蓝牙音响），看看公园的地图，设计游览公园的路线，穿上运动、休闲衣鞋，带全游览用品。

三、游览长兴岛郊野公园活动的过程

（一）在花溪湖

1. 教师、家长带领幼儿走进公园1号门，租借亲子自行车骑行，指导幼儿观看景色优美的花溪湖、小农场、百果天地、探险乐园，鼓励幼儿说说湖面上有什么（船、人），数数有几条小船，讲讲他们在干什么（划小船）。

图片 17-2　亲子骑行　　　　　　　　图片 17-3　花溪湖

2. 教师、家长带领幼儿来到阳光草坪，鼓励幼儿画一画看到的花溪湖、植物、建筑。

3. 教师、家长和幼儿一起摆好野餐垫，鼓励幼儿把绘画作品摆在垫子上展示，向同伴、游客介绍自己的作品。

（二）在帐篷营区

1. 教师、家长带领幼儿来到帐篷营区准备露营，邀请幼儿参与搭建帐篷，摆放睡袋、防潮垫；引导幼儿参与制作食物，摆放锅、碗、筷子。

2. 教师、家长和幼儿一起制作水果拼盘、切片面包，体验美食创意造型的乐趣。

3. 教师、家长和幼儿一起进行歌曲串烧游戏（如抢答唱出各种"花"的主题歌曲），玩玩音乐游戏。

4. 教师、家长和幼儿一起模仿在公园里看见的各种可爱的小动物，玩一玩"你做我猜"的肢体游戏。

图片 17-4　帐篷营区

图片 17-5　幼儿采摘草莓

（三）在蔬果采摘园

1. 教师、家长带领幼儿来到长岛庄园、我家菜园、前小桔创意农场进行采摘活动，体验郊野田园的农耕生活，鼓励幼儿说说采摘到的蔬菜、水果的名称（如青菜、萝卜、花生、橘子、苹果等）和数量。

2. 教师、家长和幼儿一起将采摘到的蔬果排列成不同的造型，玩玩蔬果套套乐的套圈游戏，比比看谁套到的蔬果更多。

（四）在路边

1. 教师、家长鼓励幼儿收集路边的落花、落叶，进行创意拼贴。

2. 教师、家长和幼儿一起在公园里捡树枝，用树枝拼成迷宫，玩走迷宫的游戏。

3. 教师、家长和幼儿在草地上捡小草，用小草扎成小手环、小头饰，装扮自己。

四、游览长兴岛郊野公园活动的延伸

1. 教师、家长启发幼儿说说在公园里看到过哪些花草、蔬果、动物。

2. 教师、家长为幼儿播放节奏欢快的音乐,鼓励幼儿大胆运用肢体,跟着音乐的节拍,模仿自己喜欢的小动物的形象、姿势、叫声。

3. 教师、家长启发幼儿利用各种装饰材料(如彩色丝巾),将自己装扮成各种各样的蔬菜宝宝,并进行歌舞表演《买菜》。

4. 教师、家长鼓励幼儿开展种植活动,看看植物(如土豆)种在土里和水里有什么变化。

5. 教师、家长带领幼儿游览崇明的东滩湿地公园、东平国家森林公园、西沙湿地公园,丰富幼儿对公园的认知经验。

第十八章　教师、家长带领幼儿游览上海汽车博览公园活动方案①

图片 18-1　上海汽车博览公园

一、游览上海汽车博览公园活动的目标

1. 教师、家长帮助幼儿通过活动感受公园的现代化气息和绿色自然的魅力，激发幼儿热爱家乡的情感。

---

① 本章作者刘羽岚，同济大学附属嘉定幼儿园副园长；曾获上海市"我心目中的好老师"银奖等荣誉称号；本文为刘羽岚主持的嘉定区教育科研课题"儿童友好理念下幼儿园儿童土木小工程博物馆创建与使用的探索研究"（立项编号 JB22109）的研究成果之一。

2. 教师、家长和幼儿一起查询、收集有关上海汽车博览公园的信息，发展幼儿自主规划活动的兴趣和能力。

二、游览上海汽车博览公园活动的准备

1. 班主任教师、家长志愿者对公园各景点做前期踩点，制订活动方案，明确人员分工；根据公园所在的位置（嘉定区博园路7001号）、公交路线（嘉定6路等可到达）、门票（免费），安排游览活动的具体事项。

2. 各班教师发放游览公园活动的告家长书，帮助家长了解活动的内容和具体要求，做好各项准备工作；招募4位家长志愿者，以便确保游览活动中幼儿的安全。

3. 教师、家长对幼儿进行游览公园活动的安全教育（如出行安全、交通安全、食品安全、活动安全）、文明教育（如不乱扔垃圾、文明出行、爱护绿化）。

4. 教师、家长准备游览公园活动所需的各种材料（如垃圾袋、餐巾纸、晕车药）。

三、游览上海汽车博览公园活动的过程

（一）入园

1. 教师、家长请幼儿找一找公园门口的特别之处（如公园的门牌号、导览图、管理条例）。

2. 教师、家长请幼儿看看、说说游览图上各个标识的意思，给幼儿读一读管理条例，帮助幼儿明确入园须知，知道文明游园。

（二）游园

1. 教师、家长选择事先计划好的安全线路进行徒步游览，沿途和幼儿一起讨论、分享公园的景色。

2. 教师、家长带领幼儿来到事先计划好的活动地点，开展各种活动。

（1）找秋天。教师、家长鼓励幼儿找一找秋天在哪里（如飘落的树叶、枯黄的小草），并记录下来。

（2）捡秋叶。教师、家长和幼儿一起捡拾秋叶，带回幼儿园、家里，制作装饰品。

（3）写生。教师、家长启发幼儿在小画板上进行公园景色写生，并展示自己的作品。

图片 18-2　幼儿欢快地寻找秋天

图片 18-3　幼儿纷纷展示自己的写生作品

（4）游览特色园。教师、家长带领幼儿游览中国园、美国园、英国园、意大利园、日本园，感受不同国家的建筑风格。

图片 18-4　英国园

图片 18-5　上海汽车博物馆

（5）野餐。教师、家长和幼儿一起找个干净的地方，铺上野餐垫子，把事先准备好的食物拿出来放在上面，感受在阳光下野餐的快乐；用餐完毕，大家一起收拾整理，对垃圾进行分类，放到附近的垃圾箱里。

（6）参观上海汽车博物馆。教师、家长带领幼儿去上海汽车博物馆参观，指导幼儿看一看各种各样的汽车，记录不同汽车的标志和自己喜欢的汽车，体验模拟驾驶和游戏的乐趣。

（三）离园

教师、家长清点幼儿人数，带领幼儿离开公园。

四、游览上海汽车博览公园活动的延伸

1. 教师、家长和幼儿一起分享游览公园活动中的趣事。

2. 教师、家长引导幼儿利用在公园里捡的树叶进行艺术创作活动。

3. 教师、家长和幼儿共同布置游览公园活动的版面，鼓励幼儿将游览记录、参观发现、活动感受和美术作品悬挂或张贴在版面上。

4. 教师在将要开展的"春夏秋冬"等主题教育活动中，融入游览公园的场景。

5. 教师、家长与幼儿一起游览幼儿园、家庭附近的其他公园（如嘉北郊野公园、古猗园）和博物馆（上海大来时间博物馆、上海中国科举博物馆、嘉定博物馆、嘉定竹刻博物馆），鼓励幼儿策划游览活动的全程。

第十九章　教师、家长带领幼儿游览上海吴淞炮台湾国家湿地公园活动方案[①]

图片 19-1　上海吴淞炮台湾国家湿地公园

一、游览上海吴淞炮台湾国家湿地公园活动的目标

1. 教师、家长帮助幼儿初步了解公园内炮台的外形特征、湿地中动植物的多样性，体验游园活动的乐趣。

---

① 本章作者吴舒瑶，上海市宝山区星辰科技幼儿园大班年级组教研组长；本文为吴舒瑶主持的"教师运用家庭和社区资源对幼儿进行科技教育的探索"的预研究成果之一。

2. 教师引导家长参与游园活动的设计、组织，使家长学会运用社区资源，更好地促进幼儿的发展。

二、游览上海吴淞炮台湾国家湿地公园活动的准备

1. 教师、家长委员会家长访问公园官网，了解公园的概况、位置（宝山区塘后路206号）、交通（公交车宝山29路、719路等均可到达）、门票（免费）、游园指南。
2. 教师在实地查看公园以后，召开线上家委会会议，说明游园活动的意图，并听取建议，形成游园活动方案。
3. 教师向园长汇报，征得同意后开始组织实施游园活动。
4. 教师向家长发出游园活动的邀请，说明活动的目标、过程和要求。
5. 教师、家长和幼儿共同制作游园活动小旗帜、游览任务表。
6. 教师、家长提醒幼儿严格遵守公园的规定，严禁携带网兜、鱼竿等垂钓工具，以保护湿地生物。

三、游览上海吴淞炮台湾国家湿地公园活动的过程

（一）来到公园

1. 教师、家长和幼儿手牵手，告诉幼儿要遵守交通规则，注意安全。
2. 教师、家长引导幼儿观看公园的名字"上海吴淞炮台湾国家湿地公园"，向幼儿介绍公园的概况，使幼儿知道清朝时曾在此建造水师炮台而得名"炮台湾"。
3. 教师、家长引导幼儿进入公园游览。

（二）游览公园

1. 游玩吴淞炮台纪念广场
（1）教师、家长鼓励幼儿寻找吴淞炮台，当幼儿到达炮台后，给予奖励。
（2）教师、家长给幼儿阅读吴淞炮台简介，使幼儿了解大炮的历史。
（3）教师、家长鼓励幼儿自主观赏、感知吴淞炮台。
（4）教师、家长与幼儿相互配合完成借位合影，拍出开炮效果的照片。
（5）教师、家长与幼儿玩"石头、剪刀、布"的游戏，然后开展"登炮台"比赛。

图片 19-2 吴淞炮台纪念广场　　　　图片 19-3 上海长江河口科技馆

2. 参观上海长江河口科技馆

（1）走进"湿地"。教师、家长带领幼儿小心"钻"进模拟的芦苇地，引导幼儿近距离观察蟛蜞、白鹭等动物（动画）；为幼儿解读馆内的"电子互动板"信息，让幼儿深入了解湿地丰富的动植物的名称、特征、生活习性等；积极回应幼儿的奇思妙想，满足幼儿探索的兴趣。

（2）潜入"江底"。教师、家长带领幼儿乘坐模型潜水艇，观赏"江底"各种鱼、水草等；向幼儿介绍长江中常见鱼的名称、习性，让幼儿说说鱼的特征，拍下各种"动画鱼"、藻类的动态；模仿自己喜欢的动物的动作。

（3）体验"潮汐"。教师、家长为幼儿解读"潮汐内容简介"，使幼儿知道"潮汐"是一种自然现象，是海水在日、月引潮力作用下所产生的长周期性波动现象，白天的称潮，夜间的称汐；引导幼儿在馆内活动，运用沙袋、防潮堤石等搭建堤坝，体验抵御潮水袭击的方法；教师提醒家长，要多让幼儿自主尝试，而不要急于帮忙，让幼儿在尝试中学习进步。

3. 观赏滨江湿地景观区

（1）寻找湿地植物。教师、家长带领幼儿寻找、收集多种多样的水生湿地植物（如蕉草、芦苇、野茭白），鼓励幼儿用拍照、录音、绘画等方式记录发现的植物。

（2）了解湿地食物链。教师、家长引领幼儿尝试用昆虫夹捕捉昆虫后，放进昆虫观察盒内近距离观察；引导幼儿进一步熟识湿地中的各种小动物，使幼儿知道湿地食物链；鼓励幼儿用自己喜欢的方式记录发现的各种动物。

（3）眺望长江口。教师、家长引领幼儿站在滨江游览点，眺望长江口风景，说说看到了什么，想到了什么，谈谈自己的感受。

图片19-4 滨江湿地景观区

（三）离开公园

教师、家长和幼儿一起回顾游园活动，分享游园趣事，说说自己的发现、收获。

四、游览上海吴淞炮台湾国家湿地公园活动的延伸

1. 教师、家长和幼儿共同整理活动照片、发现记录，丰富班级的教育环境。
2. 教师、家长启发幼儿用积木搭建"堤坝"，用废旧物品创建"炮台"。
3. 教师、家长和幼儿共同制作"湿地植物图鉴"，将收集到的植物叶片粘贴在一张大号卡纸上，指导幼儿进行标注。
4. 教师、家长启发幼儿画画自己最感兴趣的动物、植物，在班级群里聊聊自己的发现。
5. 教师、家长带领幼儿游览淞沪抗战纪念公园、参观海军上海博览馆。
6. 教师、家长和幼儿一起阅读《我们家的抗战》《虎子的军团》等绘本。
7. 教师、家长和幼儿一起观看纪录片《湿地的力量》等影视作品。

第二十章　教师、家长带领幼儿游览浙江省杭州市江墅铁路遗址公园活动方案①

图片 20-1　杭州市江墅铁路遗址公园

一、游览江墅铁路遗址公园活动的目标

1. 教师、家长帮助幼儿了解蒸汽火车、铁轨的特征，鼓励幼儿用自己喜欢的方式记录。

2. 教师、家长帮助幼儿了解家乡的历史文化，萌发幼儿对家乡的热爱之情。

二、游览江墅铁路遗址公园活动的准备

1. 教师、家长带幼儿去白塔公园游玩，观察公园内的火车，初步了解"遗址

---

① 本章作者王连，浙江省杭州市文华学前教育集团党支部书记、总园长，中学高级教师，曾获浙江省春蚕奖等荣誉称号；本文为王连主持的浙江省教育科学规划课题"寻·中国味：幼儿园优秀传统文化启蒙教育的路径设计与实践研究"（项目号2022SC049）的研究成果之一。

公园"的含义。

2. 教师、家长和幼儿共同收集关于火车的资料，并围绕火车展开讨论。

3. 教师、家长了解公园的基本情况：门票（免费）、位置（杭州市拱墅区金华南路与登云路东南角）、交通（地铁5号线、公交车61路等均可到达）。

4. 教师、家长帮助幼儿准备写生或记录所需要的各种材料（如写生板、纸笔、照相机等）。

三、游览江墅铁路遗址公园活动的过程

（一）出发前

教师、家长启发幼儿想一想江墅铁路遗址公园里会有些什么；告诉幼儿这个公园就在我们幼儿园旁边，今天我们徒步去看看公园门头、蒸汽火车头、铁轨、老钟楼、老站房。

（二）在公园门口

1. 教师、家长鼓励幼儿找一找"江墅铁路遗址公园"这几个字，说一说它们在哪儿；启发幼儿想一想什么叫遗址、这个公园为什么叫江墅铁路遗址公园；讲一讲它和白塔公园有什么关系。

2. 教师、家长告诉幼儿：一百多年前，江墅铁路开始建造并通车；这不仅仅是杭州，也是浙江省的头一条铁路，共有5个站点，今天我们看到的是一百多年前江墅铁路的第五个站点"拱宸站"的旧址；你们去过的白塔公园就是江墅铁路的第一个站点"闸口站"。

图片20-2 王连园长（左1）指导幼儿观察公园大门

图片20-3 王连园长（左2）给幼儿讲解蒸汽火车头

(三)观看蒸汽火车头与铁轨

1. 教师、家长引导幼儿观察蒸汽火车头与小段铁轨,并让幼儿自由游玩;启发幼儿想想这个火车头与你以前看到过的火车头有什么不一样的地方、为什么这里会有两条铁轨、它们有什么作用。

2. 教师、家长告诉幼儿:最开始火车是蒸汽火车,江墅铁路遗址公园中的火车头就是蒸汽火车车头;蒸汽火车由锅炉、汽机、车架和走行部组成;当铁轨需要变道时,可以通过操控杆变道。

图片 20-4　王连园长(前)带领幼儿在小段铁轨上行走　　图片 20-5　王连园长指导幼儿观看老钟楼

(四)观看老站房和老钟楼

1. 教师、家长鼓励幼儿说说公园里除了火车、铁轨以外,还有哪些建筑物;讲讲这些建筑物和我们现在的建筑物有什么不一样的地方。

2. 教师、家长告诉幼儿:车站门头、老钟楼、老站房都营造了浓浓的老"拱宸站"的历史氛围,并通过用艺术手段仿造的民国时期的建筑风格来展示江墅铁路的历史,为大运河的历史增添了丰富的内涵。

(五)探究蒸汽火车头与铁轨

1. 教师、家长鼓励幼儿根据自己的兴趣,选择蒸汽火车的一个构造部分进行探究,再次近距离地接触蒸汽火车头与铁轨,探寻蒸汽火车与我们现在的绿皮火车、高铁有什么不一样的地方。

2. 教师、家长指导幼儿仔细观察蒸汽火车的零部件、铁轨道路,并用自己带

来的材料记录。

3. 教师、家长启发幼儿把自己感兴趣的事物记录下来，可以写生，也可以拍照。

4. 教师、家长告诉幼儿：今天我们游玩了江墅铁路遗址公园，看到了车站门头、老钟楼、老站房、蒸汽火车头、铁轨等，知道了一百多年前，我们拱宸桥大运河边曾经有了浙江省的第一条铁路，我们都感到非常自豪！

四、游览江墅铁路遗址公园活动的延伸

1. 教师、家长鼓励幼儿利用多元材料制作蒸汽火车，并设计对应的铁轨，在"我的拱宸站火车展"中进行展示。

2. 教师、家长鼓励幼儿分享自己创编的小故事，说说自己对火车的了解、乘火车的感受、游览公园的感受。

3. 教师、家长将幼儿的绘画作品汇编成册制成绘本，放在幼儿园里与同伴一起分享，放在家里与亲朋好友一起欣赏。

4. 教师、家长启发幼儿创造想象"未来的蒸汽机车"和"火车轨道"应该是什么样子的，鼓励幼儿通过绘画、搭建等形式表现出来。

5. 教师、家长带领幼儿去游览幼儿园和家附近的青莎公园、紫荆公园、富义仓遗址公园、霞湾公园、高家花园，加深幼儿对公园的印象。